广西教育科学重点研究基地重大课题《广西乡村教师教学能力提升路径研究》（立项编号：2017JD202）阶段性成果。
广西基础教育教学成果特等奖《观察·诊断·建构：聚焦“课堂改进”的乡村教师教学能力提升路径及实践》理论成果。

观察·诊断·建构：乡村教师教学能力提升路径研究

杨进红　著

天津出版传媒集团
天津科学技术出版社

图书在版编目（CIP）数据

观察·诊断·建构：乡村教师教学能力提升路径研究 / 杨进红著. -- 天津：天津科学技术出版社，2022.11

ISBN 978-7-5742-0602-1

Ⅰ. ①观… Ⅱ. ①杨… Ⅲ. ①农村学校 - 师资培养 - 研究 - 中国 Ⅳ. ①G451.2

中国版本图书馆CIP数据核字(2022)第197404号

观察·诊断·建构：乡村教师教学能力提升路径研究

GUANCHA · ZHENDUAN · JIANGOU : XIANGCUN JIAOSHI JIAOXUE NENGLI TISHENG LUJING YANJIU

责任编辑：马　悦

责任印制：兰　毅

出　　版：天津出版传媒集团 / 天津科学技术出版社

地　　址：天津市西康路35号

邮　　编：300051

电　　话：（022）23332490

网　　址：www.tjkjcbs.com.cn

发　　行：新华书店经销

印　　刷：定州启航印刷有限公司

开本 710×1000　1/16　印张 10.75　字数 165 000

2023年1月第1版第1次印刷

定价：68.00元

Preface 前言

随着国家“两基”攻坚任务的基本完成，城市与乡村学校在设备、图书、校舍等条件资源间的差距正在逐渐缩小，但是，与城市教育的快速发展相比，乡村教育发展缓慢，乡村教师教学能力提升成为重要议题。如何帮助乡村教师“教得好”，切实提高乡村学校教学质量，仍然是亟待解决的问题。

一项教育改革顺利实施必须以一定的理论为依据，同时受国家政策的影响。聚焦乡村教师课堂教学能力提升，国家出台了一系列针对性制度措施。

2015 年，国务院办公厅印发《乡村教师支持计划（2015—2020 年）》，提出“整合高等学校、县级教师发展中心和中小学校优质资源，建立乡村教师校长专业发展支持服务体系”“按照乡村教师的实际需求改进培训方式，采取顶岗置换、网络研修、送教下乡、专家指导、校本研修等多种形式，增强培训的针对性和实效性”，全面提升乡村教师的能力和素质。

2016 年，教育部研究制定了《送教下乡培训指南》《乡村教师网络研修与校本研修整合培训指南》《乡村教师工作坊研修指南》《乡村教师培训团队置换脱产研修指南》等乡村教师培训指南，利用教师网络研修社区为乡村学校持续提供专家指导和优质课程，推进乡村教师边学习边实践，着力提升乡村教师课堂教学能力。

2018 年，教育部、国家发展改革委、财政部、人力资源社会保障部、中央编办印发的《教师教育振兴行动计划（2018—2022 年）》，针对标乡村教师教学能力不足的问题，提出“建立健全乡村教师成长发展的支持服务体系”，实施乡村教师素质提高行动。

这一系列制度的颁布和推进，为乡村教师素质提升和专业成长提供了持续性、常态化、系统性的政策支持和价值引领。

如何构建起聚焦“课堂改进”的校本实践路径，从根本上解决制约乡村教师课堂教学能力提升的瓶颈问题，成为提升乡村课堂教学质量的关键环节。2013年始，项目团队依托广西高等学校人文社科项目“广西乡村教师专业发展的校本路径研究”（立项编号：SK13LX193）、广西教育科学重点研究基地重大课题“广西乡村教师教学能力提升路径研究”（立项编号：2017JD202）、全国教育科学“十三五”教育部规划课题“基于课程共同体的广西农村地区教师教学行为改进研究”（课题编号：FHB160569）等省部级课题，先后在广西马山、隆林、上林、资源、龙胜等30多个区县乡村地区，基于“课堂改进”开展乡村教师教学能力提升的校本行动。项目历经6年多的研究、实践与应用，构建了“理解力—诊断力—建构力”螺旋式推进的理论模型，探索了“专业引领—聚焦课堂—校本推进”的乡村教师教学能力提升实践体系，在课堂教学改进、教师教学素养提升、新型教研文化构建等方面取得了理论和实践的系列成果。

当然，乡村教育质量提升是一项长期的、复杂的系统工程。为此，项目团队也在进一步思考以下几点：第一，如何发挥信息技术手段的优势，为项目持续实施提供技术支持。现代信息技术为教育变革带来新的视角。在“互联网+教育”的背景下，乡村教师教学能力提升路径可以进一步拓展，即借助科技的力量解决一些教育上的问题，实现科技与人文的有效融合。第二，如何进一步推动建立地方高校服务乡村学校的共同体联盟，为乡村教师支持体系提供强大的人力资源。目前，地方高校尚未形成合力，需要其构建合作联盟，共同聚焦乡村教师专业发展，为乡村教师支持计划提供强大的智力、人力资源。

本书在调研和撰写过程中得到了教育部门、基地学校以及研究生们的帮助，并参阅了部分专家、学者的研究成果，在此致以深深的谢意。因学识、能力等因素所限，书中难免会有不足之处，敬请读者不吝赐教。

杨进红

2022年10月

Contents
目 录

第一章　绪　论

当前，乡村学校的硬件条件得到极大的改善，但乡村教育教学质量有待进一步提升。乡村教师受现实条件、文化生态及发展环境等因素影响，其知识更新和能力提升的渠道和路径仍较单一，乡村教师对课堂教学的理解力、诊断力、反思力和建构力仍待强化，亟须建构起与新课改相适应的教学素养和能力结构。本书以乡村教师的“教学能力提升”和“课堂改进”为核心，尝试从课堂教学行为这一视角探讨如何提升乡村教师的教学质量及专业能力，帮助乡村教师厘清以下问题：乡村教师教学能力提升路径的落脚点在哪？有效的乡村教师教学行为改进的校本路径如何建构？如何使乡村教师专业发展的“要我改变”转向“我要改变”？

一、研究目的

（1）本书选取乡村教师这一特定教师群体为研究对象，通过对乡村教师在新一轮基础教育课程改革（以下简称“新课改”）中出现的课程适应性、教学行为有效性、教学素养和能力提升等问题，探讨乡村教师如何从“技术取向”转向“行动自觉”的教学实践，深入研究乡村教师基于内在改变的教学行为改进。

（2）本书尝试从课堂教学行为这一视角探讨如何提升乡村教师的教学质量及专业能力，帮助乡村教师厘清课程改革和教学实践中的困惑，并基于校本行动、课程共同体等路径提升乡村教师课堂教学行为的专业性、有效性、协作性和自觉性，提高乡村教师课堂教学的质量和效果。

二、研究意义

（一）理论意义

本书以乡村教师的课堂教学理解力、诊断力、反思力和建构力为逻辑起点，对乡村教师教学行为问题进行剖析，通过调查乡村教师课堂教学行为现状以及对其专业发展的影响，探讨以校本行动为推进主线，以课堂教学行为改进为核心，以教学素养提升为目标的乡村教师专业发展路径，以“理解力—诊断力—建构力”螺旋式推进为内动力系统，推动乡村教师走向“内部建构”的教育自觉，促成乡村教师形成专业视角、专业素养和专业路径有机融合的发展机制，引领乡村教师生成并内化专业素养和教育理念来持续改进课堂教学。

（二）实践价值

本书结合新课程理念与精神，提出将乡村教师教学能力提升从以往单一的培训路径转向“聚焦课堂”的多维支持路径，优化了“课堂观察”的校本教研机制，让教师的观察视角转向课堂事实，使其走进课堂深处，以课堂中的教学事件、教学细节为自己理解课堂、剖析课堂、反思课堂的原点；倡导“临床诊断”的课堂改进路径，培养乡村教师具备一种面向事实、基于证据、关注细节的思维方式；引领乡村教师的校本自主实践，让乡村教师校本实践路径有主题、有目标、有方法、有焦点，促进其在行动中建构自己的专业素养和教学能力。

三、理论基础

乡村教师教学能力提升路径应该突破原有的实践范式，更多地从乡村教师的自身专业生活和课堂实践出发，使乡村教师能够从自己所处的文化背景和生活环境构建发展共同体，开展基于校本路径的课堂教学改进。

（一）教师专业发展

新课改对教师的专业素质提出了更高的要求，现代教育的发展也已经开始转向对质量的需求，因此教师队伍的建设要从数量的追求转向质量的提高。这种以质量为标准的教师队伍建设，更注重强调教师在专业理想、专业知识、专业技能、专业实践等方面的全面提高。同时，大量的实践也表明，建设高素质的教师队伍，是提高基础教育质量的基础和保证。

什么是“教师专业发展”？钟启泉等人认为，教师专业发展有多种考察方式，如果从量与质两个维度来考察的话，教师专业发展既意味着量的增加，即教师专业知识、专业能力、教学经验、教育理论素养等方面的积累、扩大，又意味着质的提高，即教师由新手型向胜任型、专业型和专家型的发展或由新手阶段向胜任阶段、熟练阶段、专家阶段的发展，而且这种发展是连续的、层层递进的、不断完善的。[①] 可见，教师专业发展是一个不断完善的过程。

（二）新时代的教师观

传统的教学强调教师的授受过程，课堂教学流程机械僵化，且教师关注的是“教”而不是学生的“学”，其眼中只有“知识”而无“人”，只重视按预设的教学内容按部就班地完成教学目标。这样的教学模式已越来越不能满足时代的要求。因此，教师的角色应实现转型，必须从“教会知识”转向“学生会学知识”，即授之以“鱼”不如授之以“渔”，从学生获取知识的角度而言，“会学”比“学会”更重要。

教师常常被人称为“教书匠”，意味着这类教师只是常年重复着一项机械简单的工作，教学上毫无创新可言，只是运用某些简单的技巧加工现成的教材，并把这些教材内容传授给学生，教学工作已经沦为一种简单的技术性工作，失去了专业发展的主动性和创造性。教师的教学行为应该是一种反思性实践行为，需要教师在每日、每时的教学工作中借助自身实践不断反思，进而形成教学实践智慧。实践智慧是教学的高层次境界，是教师教学经验和教学特征的内化，它与教师的日常教育情境密切相关，是通过对教学经验不断进行反思形成的，是教师专业成长的重要基础。

当教师的角色固化为“教书匠”时，教师的工作便只是围绕知识传递，而忽视了作为活生生的人的主体性和能动性，忽视了教师和学生本身最具有生命力的实践反思。教师一旦受知识传授的使命所束缚，教学上便缺少了应有的反思与批判，甚至放弃了自己应有的体验过程。教师所面临的课堂教学应该是情境性的，且只有在实践与行动中不断反思、感悟和体验，才能形成教育教学所需具备的教育智慧，最终成为一个具有反思精神、研究精神的实践性教育工作者。

① 钟启泉，胡惠闵．我国教师教育课程标准的建构[J]．全球教育展望，2005，34(1)：36-39.

（三）课程理解的视角

20世纪70年代以来，西方课程研究经历了重要的“范式转型”，即课程研究视角从“泰勒原理”为代表的“课程开发”转向了“课程理解”，课程不再局限于以目标为中心的课程开发，而是越来越被理解为一种政治的、审美的、历史的、解构的等多维文本。随着西方现象学、解释学以及后现代理论对课程理论的进一步影响，课程的生成性、多元性、开放性等特点日渐突显，从不同层面冲击着教师的课程观念和教学行为。

施瓦布（Schwab）首先开始了课程概念的重建，其代表作《实践：课程的语言》标志着课程研究范式的转向，即由“课程开发”转向“课程理解”，课程在这里被视为一种“符号表征”，课程负载着价值观。派纳（Pinar）等人也提到：“课程领域不再把课程与教学的问题视为‘技术’问题，即‘如何’的问题。当代课程领域把课程与教学的问题视为‘为什么’的问题。”① 如果课程与教学的问题被视为“为什么”的问题，那么课程就是一个“理解”的问题，就需要教师结合具体的情境及场域去理解其内涵和意义。这一课程研究取向的转变，意味着人的主体性在课程中得到了彰显和解放。随着现象学、解释学、后现代主义等哲学思潮的影响，以及文论思想、美学、生态学等理论与课程研究的结合，课程理解的视角日趋多元，跨学科、跨文化的理解视域在不断扩展和深化，如现象学的课程理解、解释学的课程理解、美学的课程理解、生态学的课程理解等。同时，课程理解正在深刻影响着教师的教育观念和教学行为。

国内学者关于课程理解的研究，大多基于对课程意义、课程立场及课程问题的探讨。例如，张华教授认为：“课程理解是对课程现象、课程‘文本’、课程事件之意义的解读过程，其着眼点不在于课程开发的具体程序，而在于对种种课程与课程事件的历史、现状与未来之意义的理解。”② 郭元祥教授认为：“教师的课程理解是基于具体的课程情境，通过与其课程文本的对话与交流，形成一整套合价值、合目的、合规律的教育理念和对课程问题最基本的

① 派纳，雷诺兹，斯莱特里，等．理解课程：历史与当代课程话语研究导论[M]．张华，赵慧，李树培，译．北京：教育科学出版社，2003: 56.

② 张华．走向课程理解：西方课程理论新进展[J]．全球教育展望，2001(7): 40-48.

判断。”[①]这些基于课程意义、课程价值、课程问题的探讨，与国外相关研究有一定的内在一致性，但同时也在努力寻求课程理解的本土化阐释。微观层面的课程理解研究则普遍关注课程实施过程中的具体内容和影响要素。例如，课程内容方面，探讨教师对课程目标的理解、课程实施的理解、课程文本的理解、课程评价的理解等；课程影响因素方面探讨教师本身的知识、能力、经验、情意以及外部的时间、环境等因素如何影响课程实施。

对教师的专业发展而言，课程理解会促使教师以专业化的视角去省察和评价自己的教学实践。课程理解强调反思与建构，而教师追求以课程理解的方式组织和实施教学，所以教师的教学过程就是一个不断反思、不断创造的过程。这种基于实践的教学反思，将有助于教师的专业技能不断纯熟、专业理念不断深化、专业空间不断拓展。教师专业发展还需要一种内驱式的发展动力，这种内动力的基础就是教师能理解自己的课程，理解自己的教学，理解“我在做什么”。

四、国内外研究现状述评

（一）关于课堂教学行为的研究

我国对教师教学行为的研究主要集中在教学行为的有效性、教学行为的类型、教学行为的过程等方面。其中，俞国良对专家型教师和新手型教师的教学效能感与教学行为进行了对比研究，区分了有效的教学行为和无效的教学行为。[②]王曦将教师课堂行为分为有效教学课堂行为和无效教学课堂行为，并进行对比分析，寻找与教学有效性强相关的教师行为因素。[③]区培民从学科课程向教学实践转化的角度，提出了学科课程向实践转化中学科教师课堂行为的对策和技术要求，认为课程的实现主要取决于学科教学的教研和过程中表现出来的教师行为素质。[④]

① 余娟，郭元祥．教师的课程创生：意蕴与条件[J]．教育发展研究，2009(12)：57-62．

② 俞国良．专家—新手型教师教学效能感和教学行为的研究[J]．心理学探新，1999(2)：32-39．

③ 王曦．有效教学与低效教学的课堂行为差异研究[J]．教育理论与实践，2000(9)：50-53．

④ 区培民．语文教师课堂行为系统论析：课程教学一体化的视点[M]．上海：华东师范大学出版社，2001：2．

在国外，20世纪60年代以后，教师教学行为研究朝着两个方向发展：一是通过探讨教师的课堂教学行为，寻找教师课堂教学行为与教学效果之间的关系；二是通过对影响教师课堂教学行为的因素进行分析，从而为提高教师教学效能提供参考。例如，米茨尔（Mitzel）等人探讨了教师各类型教学行为与教学效果的关系；盖格（Gage）研究了教师的课堂教学行为，并将教师的行为表现（过程）与教学效果（结果）联系起来。20世纪80年代开始，教师教学行为研究进入了专业化阶段，研究者对教师课堂教学行为进行了系统的研究。威特克（Witkin）等人认为，教师与学生相互协调的认知风格对教学效果具有促进作用。[①]霍伊勒（Hoyle）等研究者探讨了教师教学的专业化程度。20世纪90年代之后，对教学行为的研究大多朝着专业化方向发展。

综上所述，虽然目前国内外教学行为的研究已经相当丰富，但现有研究较少关注特殊群体的特殊问题，如乡村教师的教学问题。

（二）关于教师专业发展

随着我国教师专业化建设的深入发展，乡村教师专业发展问题越来越受到教育主管部门和教育研究者的关注。从现有的研究看，研究者大多从师资队伍、专业素质、继续教育等对我国乡村教师专业发展现状进行了描述并探讨教师发展的制约因素，如廖龙龙等人对全国九个省（市）的乡村教师专业素质状况进行了调查。对于影响乡村教师专业发展的现实因素，唐松林则将其归结为两个方面，即乡村教师的地域特征和教育管理中的责任缺失。[②]而在寻求乡村教师专业发展的对策研究中，值得注意的一个趋向是，教师专业发展的路径选择亦在发生转移，即从外部路径的技术取向转到本土化的教师内在改变上。这种变化给我们探索乡村教师专业发展提供了一个有效的校本路径，即乡村教师的专业发展要基于学校的文化积淀，要与乡村教师的工作现场一体相连，以一种综合化、系统化、本土化的观念为乡村教师的专业发展创设实践情境。

在国外，美国学者莎伦·拉里斯（Sharon Rallis）通过对一线教师的个案研究，从教师在多领域的行为表现、内在特征、指导思想、工作策略等方面

① 郑燕祥．教育的功能与效能[M]．香港：广角镜出版社有限公司，1986：69.

② 唐松林．中国农村教师发展面临的基本问题（一）[J]．云梦学刊，2005(6)：102-105.

入手，归纳出了“动态教师”应具备的特性，并对师生互动、动态教学、教师的在职成长、“家庭—学校—社区—社会”的关系等问题进行了探讨。英国学者基思·伍德（Keith Wood）曾就如何提高师范生教学理解能力开展了一项为期一年的研究计划。该研究计划以改变师范生理解教学的方式，发展师范生理解教学的能力为目的，主要探讨了三个问题，即“学会教学对师范生有何意义？”“师范生如何看待学会教学和转变教学理解之间的关系？”“如果学会教学就是转变教学理解的话，那么什么是师范生必须学习的？”这些研究结果对教师教学理解能力的提高具有借鉴意义。国外的相关研究大致经历了从“课程开发”转向“课程理解”，从以“理论导向”为目标的教师课程理解转向以“实践导向”为目标的教师课程理解，越来越多的教师课程理解研究开始立足于课程实践，注重从课程实践的具体问题出发，不再纯粹探讨教师课程理解问题，而是更多地与具体情境联系，以有针对性地提出建议。

（三）关于课程文化及课程共同体的研究

国内有关课程文化的研究初见于21世纪初，近年来逐渐成为一大研究热点。研究者将教师对课程理解的内容分为以下几类：教师对课程目标的理解，教师对课程内容的理解，教师对学生的理解①；教师对课程目标的理解，教师对课程内容的理解，教师对教学的理解，教师对课程评价的理解②；教师对课程设计者的理解，教师对课程标准的理解，教师对教材的理解③；等等。虽然有关课程理解内容的研究各不统一，但基本体现了当前新课改背景下大课程观的思想，课程理解的内容较为全面，不再局限于对教材的理解。影响教师课程理解的因素是多方面的，多数学者从内外两个维度对教师课程理解的影响因素进行了分析。例如，教师内部既有的知识、个体能力、个体经验、情意态度，外部的时间因素、财务因素、环境因素④；教师内部的自身素质（知识基础、工作经验）和情意态度，外部的课程材料的呈现方式和表述、课程

① 王守纪．教师的课程理解对课程实施的影响[J]．教学与管理，2002(4)：48-49.

② 鲍道宏．教师课程理解初探：以语文新课程实验为例[D]．上海：华东师范大学，2008.

③ 龙茵．浅谈教师的课程理解：从解释学角度谈教师对课程的理解[J]．吉林省教育学院学报，2008(2)：7-9.

④ 李冲锋．教师课程理解及其影响因素探析[J]．全球教育展望，2002，31(11)：63-66.

设计者与教师之间的沟通①；等等。针对教师课程理解影响因素，学者们提出了一系列提高教师课程理解的策略。例如，培养教师课程理解的意识、提高教师素质来增进理解能力、浅显易懂地表达课程材料、加强教师与设计者之间以及教师之间的沟通、营造课程理解氛围等。②目前，针对此类特定群体的实证研究较少，仍处于探索与起步阶段。

课程共同体方面的研究主要集中在对教师专业发展的影响方面。例如，孟宪乐总结了校际教研共同体建设与发展的有效策略。③又如，沈伟总结了课程共同体的作用，即有助于促进校本课程的开发，有助于规范校本课程的实施，有助于完善校本课程的评价，并阐述了课程共同体的成效，即丰富了优质的校本课程，显著提高了教师的专业素养，培养了学生的一技之长，发展了学校的现代制度。④邓瑞芬与郭辉雄认为，构建基于网络的以城带乡小学校际课程共同体，要达成共同体理念共识，形成校际联盟，统筹教师培训，坚持课程资源共建共享，且这样的校际共同体能推进城乡学校共同发展。⑤课程共同体的视角为教师的发展特别是提升乡村教师教学素养和能力提供了新的分析框架。

（四）相关研究述评

综上，有关教师教学行为、课程文化、专业发展对教师课堂教学影响的研究仍需不断深化、拓展和整合。一方面，由于我国乡村教师课程文化、实践共同体研究起步较晚，现有研究很大程度上仍是对国外理论的介绍，因而，从我国实际出发，乡村教师实现课堂教学行为改进的校本路径仍是未来重要的研究内容。另一方面，现有研究主要集中于理论层面的分析，虽然近年来已有部分研究开始对乡村教师教学行业改进进行实证探讨，但针对一线乡村教师校本路径问题的研究仍然不足，尤其要充实针对乡村教师课程共同体、教学文化、校本文化的研究。新课程实施下的乡村教师的课程文化、校本文

① 孙艳君．对教师课程理解问题的思考[J]．吉林省教育学院学报，2008(1)：73-74.

② 赵杰．浅析教师的课程理解问题[J]．辽宁教育行政学院学报，2005(7)：116-117.

③ 孟宪乐．研究共同体框架下的农村教师专业化发展[J]．教育发展研究，2005(9)：46-48

④ 沈伟．创建课程共同体 促进特色校本课程的研发[J]．现代教学，2014(Z3)：55-56.

⑤ 邓瑞芬，郭辉雄．构建基于网络的小学校际课程共同体[J]．教育实践与研究(A)，2013(6)：17-19.

化很大程度上体现了新课程在乡村的适应性问题以及乡村教师专业发展的路径选择，值得课程与教学理论研究者及教育实践工作者的重视。

五、研究内容和方法

（一）研究内容

1. 乡村教师文化生态建设及教学能力调查与分析

通过对乡村教师的政策演进及其文化生态的重建与改善进行梳理，探讨了文化生态的重建与改善对乡村教师的教师发展的必要性。在此基础上，以广西为调查样本开展了乡村教师教学能力现状的实证调研，通过问卷设计，课程理解、课程实践、教学研究与教学反思等维度，调查新课改背景下乡村教师在课堂教学行为方面的现状，分析乡村教师课堂教学能力的构成与特征。

2. 乡村教师教学能力的提升路径

乡村学校课堂教学质量不高、教学效果不彰，与乡村教师自在、自发、低效的课堂教学行为有深层的关联。本部分拟探讨通过转型发展、文化调适、校本行动等路径选择来提升乡村教师的课堂教学能力和素养，从内部驱动乡村教师改进课堂教学行为。

3. 乡村教师教学能力提升的实践策略

优化“课堂观察”的校本教研机制，让教师的观察视角转向课堂事实，走进课堂深处；倡导“临床诊断”的课堂改进模型，培养乡村教师具备一种面向事实、基于证据、关注细节的思维方式；引领“素养建构”的乡村教师的校本自主实践，促进其在行动中建构自己的专业素养和教学能力。

4. 乡村教师教学能力提升的校本行动

（1）专业互助：提升乡村教师教学行为的专业性。以课程共同体为纽带，聚合学科专业教师对课程内容及教学策略等领域开展专业研讨，共同解决课程实施过程中遇到的问题和困难，提升乡村教师教学能力。

（2）课堂实践：提高乡村教师教学行为的有效性。依托共同体团队，通过良好的伙伴协作，相互观摩课堂，帮助同伴发现课堂教学行为中的问题，共同寻求改进课堂的方法和策略，提高乡村教师课堂教学行为的有效性。

（3）对话研讨：增强乡村教师教学行为的协作性。共同体成员通过对话和交流、碰撞和分享，促进教师之间的优势互补，在对话研讨中提高乡村教师的教育教学理论水平和实践性智慧，增强乡村教师教学行为的协作能力。

（4）教学反思：强化乡村教师教学行为的自觉性。建立课程共同体反思机制，通过反思形成“实践—反思—再实践”的螺旋式推进过程，促进乡村教师在行动中实践，在实践中反思，在反思中提升，强化乡村教师教学行为的自觉性。

（二）研究方法

（1）文献研究法。收集和梳理关于课堂教学行为、乡村教师发展、教学能力提升等领域研究的相关文献资料，对其归类、分析，为研究的展开做好理论基础。

（2）调查研究法。通过实地考察、访谈、设计问卷调查等实证研究，从教学理念、课程理解、教学实践、教学效果与评价等维度，采集有关广西等西部乡村教师教学行为现状和问题等数据资料。

（3）观察法。通过对乡村教师课堂教学行为的观察，获得反映乡村教师课堂教学行为的较为具体、详细的第一手资料。

第二章　乡村教师的政策及其文化生态

第一节　乡村教师政策的演进

发展乡村教育正在成为国家未来教育工作的重点，其中乡村教师的发展是关键，而乡村教师的发展需要国家相关政策来保障。乡村教师政策直接影响着乡村教师的发展，也是乡村教育事业成败的关键。

一、乡村教师政策的历史嬗变

（一）宏观聚焦：营造整体政策环境

环境变化是政策行动产生的根源，会影响整个政策系统。乡村教师政策的发展演变不可避免地受到其所处环境的影响。20 世纪 70 年代至今，中小学乡村教师政策由最初的调整恢复逐步转变为现阶段的全面深化。1978 年，国家颁布《教育部关于加强中小学教师队伍管理工作的意见》等文件，开始对整个教师教育及教师队伍的恢复和管理进行紧急恢复和调整。20 世纪 80—90 年代，伴随国家经济体制改革，教育体制改革也逐渐展开，这一时期出台的《中共中央关于教育体制改革的决定》（1985）、《中华人民共和国教师法》（1994）等较为侧重教师基本政策体系的建立。21 世纪初，遵循以人为本、教育公平的理念，各级部门关于农村教育的政策纷纷出台，如《国务院关于进一步加强农村教育工作的决定》（2003）。现阶段，教育改革已进入深水区，乡村教师政策也随之不断深化，政策聚焦更为全面具体，如《国务院办公厅关于印发乡村教师支持计划（2015—2020 年）的通知》（2015）。

（二）微观视角：突破专门性政策瓶颈

自 1978 年始，每个阶段的乡村教师政策基本都有各自的侧重点，从追求教师队伍稳定、学历合格发展到强调教师专业发展和提高教师素质。1981 年，国家颁布多部文件，通过提高工资待遇等，补充教师数量，努力维持教师队伍稳定。1999年，以《中小学教师继续教育规定》为标志，教师政策关注重点转变为推进继续教育，保证教师学历合格。2000年出台的《〈教师资格条例〉实施办法》以及随后颁布的《关于首次认定教师资格工作若干问题的意见》引导教师资格认定，实施教师聘任制，将政策推向促进教师专业化发展的轨道。2006年至今，在强调教师质量提升的同时，乡村教师政策也更为注意进行全方位、宽领域的改革调整，通过采取城乡师资交流、拓宽补充渠道、开展培养培训等措施，全面提高师资质量，如《教育部 财政部 人事部 中央编办关于实施农村义务教育阶段学校教师特设岗位计划的通知》（2006）、《教育部 财政部关于实施“中小学教师国家级培训计划”的通知》（2010）等。

纵观整个政策发展历程，乡村教师作为独立群体专门成为政策对象，经历了由“隐性”（隐含于乡村教育或教师政策之中）到“显性”（专门的乡村教师政策）的转变过程，反映了国家对乡村教育的日益关注以及乡村教师地位的逐步提高。1994年，国家颁布了第一部专门针对全体教师的法律，即《中华人民共和国教师法》。21世纪初，随着相关政策的出台，城乡教师的差别化对待渐渐显现，如2001年印发的《国务院办公厅转发中央编办、教育部、财政部关于制定中小学教职工编制标准意见的通知》中规定小学阶段教职工与学生比分别为城市1：19、县镇1：21、乡村1：23。近十年，专门针对乡村教师的政策大量涌现，且门类多、覆盖面广，受关注度持续升温。政策不仅涉及源头培养、就业引导、交流支援三个师资补充环节，覆盖职前准入、职中培训、职后管理三层级教师质量提升，还从提高乡村教师待遇、统一城乡编制、职称评聘倾斜等方面，努力促进乡村教师队伍建设。

二、乡村教师政策的改进建议

（一）加大补偿性政策扶持力度

要加大对乡村教师政策的倾斜力度，进一步明确权责、细化分工，确保实施操作有效可行，协同推进乡村教师政策的贯彻落实。考虑到我国各地区的乡村教师队伍情况大不相同，国家政策难以制定统一的具体规定，因此建议国家层面一方面以把握政策整体方向为主，密切关注政策实施动态，及时制定相关政策，并适时调整政策方向，为地方政府落实乡村教师政策提供航标并保驾护航；另一方面，国家层面需要大力完善政策的实施监管与问责制度，以督导地方制定并落实细则，从而有力保证乡村教师政策实施操作的执行力度。地方政府作为政策实施操作的主体，在中央指导、督查之下，总结以往乡村教师政策的经验和问题，借鉴其他地方典型经验，以“乡村教师支持计划”为抓手，制定具有针对性、操作性、可行性的地方配套政策，在新时期着力从生活待遇、城乡编制、职称评聘等方面向乡村教师予以倾斜，进一步稳定优质乡村教师队伍。

（二）加强政策评估

政策评估是乡村教师政策发展完善的必要环节，是及时、有效促进政策调整改进的关键。政策评估要做好几个方面的工作：第一，推动政策评估主体多样化。突破以往政府内部政策评估的自闭性和非正式性，增加第三方机构等进行专业、科学的外部政策评估，促进政策评估主体的多样化，集思广益，为政策调整改进建言献策。第二，探索政策评估方法多元化。可以采用定量与定性相结合的政策评估方法，既重视事实描述又重视价值评估，同时做到自下而上与自上而下的研究并举，做到准确、规范，并有效收集基层政策实施第一手资料，为改进政策提供可靠依据。第三，注重政策评估对象广泛性。以评估政策影响为主，辅以对政策产出的评估，特别关注乡村教师个体、团体等不同对象在政策制定、执行中的“声音”，以及这些观点看法对政策实施产生的影响，使政策改进更“接地气”。第四，确保政策评估过程全面性。从乡村教师相关政策颁布之初即开始进行研究跟进，对政策进行事前、事中、事后全过程的长期追踪评估，改变以往评估只做事后评估的弊端，提高政策评估过程的规范性、合理性、全面性。

（三）协同各项政策整体推进

为了保证乡村教师队伍的持续稳定建设与发展，政策作为改革发展的导向，应在非重复的基础上保持一定延续性，并在新时期改革过程中综合乡村教师各项政策整体推进，切忌政策间的断层。我国乡村教师政策从散落于教育类、教师类综合政策当中到发展成为专门政策，经历了从无到有、从零散到系统、由片面到全面的过程，虽取得了一定进展，但也面临着新的挑战。

以往“单条腿”走路的政策方式，在某种程度上已经不能有效缩小城乡师资差距，需要“多方齐抓共管”，才能促使乡村教师政策的贯彻落实更加全面、有效。例如，要从“下得去、留得住、教得好”三个方面共同推进乡村教师队伍建设，拓展教师补充渠道、完善教师培训、提高教师待遇、提升教师地位，努力形成规模适当、结构合理、素质优良、扎根乡村的教师队伍，为教育现代化提供坚强的师资保障。

（四）探索教育信息化的决策支持

首先，将基于大数据的预测、分析逐步融入乡村教师队伍建设管理和决策中。经过多年的试点监测，我国已于2015年正式建立义务教育质量监测制度，从而为基于大数据的乡村教师政策决策的制定提供了有力支撑。其次，积极开展研究，努力探索和充分利用基础教育质量监测技术、数据和结果，为乡村教师政策的规划、制定和评估提供专业、科学、有效的依据，进而完善政策。

第二节　乡村教师文化生态的重建与改善

乡村教师的发展受到诸多因素制约，而若要促进乡村教师的发展，其中最为关键的是重建与改善其所处的文化生态。针对乡村教师这个特定群体，其文化生态需重点关注的是教学文化生态、课程文化生态及校本文化生态。教学文化生态是乡村教师专业发展的实践场域，决定着乡村教师专业发展质量和实效；课程文化生态决定着乡村教师专业发展的深度与厚度，是其创新发展的舞台；校本文化生态是乡村教师基于本土的发展路径，决定着乡村教师可持续发展的可能与否。

一、教学文化生态的重建

（一）从“技术”到“文化”

在教学活动中，教学的工具化思维和工具化倾向严重，呈现出全面压制价值理性的状态，这突出表现在两个方面：一是教学管理的过度统一化。要求统一内容、统一备课、统一进度、统一作业、统一答案等，甚至一篇文章的中心思想、段落大意要统一，一首古诗表达了作者怎样的思想情感也要课前事先准备好，统一答案。二是教师教学过程的过分模式化与程序化。教师基本上是按照既定的模式和程序，一步一步地依次进行教学，即使进行教学改革，也是要创立新的教学模式。统一化、模式化、程序化追求的是所谓的教学效率，实际上是工具理性的典型表现，它贬抑了教学的价值追求，忽视了教学活动中教师、学生作为文化主体的能动的存在，使教学过程的文化涵养价值沦为空谈。

教学活动是教师和学生的一种特定文化存在状态和文化生存方式，而且这种文化存在和文化生存不完全是被动的，它也在创造着新的教学文化生活。没有文化，就没有教学，教师和学生也就失去了自身文化存在和文化生存的基础，更谈不上新的教学文化创造。因此，“对教学研究进行深层次的文化哲学思考，不仅是对教学研究表达一种哲学层面的理性关怀，更是对人、文化与教学三者关系的深层追问，从而彰显了教学的文化本质，拓展了一个崭新的教学的文化思维空间”①。

教学主体文化生命的成长，一方面需要有肥沃的文化土壤、良好的文化环境和浓郁的文化氛围，另一方面需要有文化生命成长的精神追求，这是教学文化活动最重要的文化要素和最核心的价值诉求。没有了文化的精神追求，教学也就没有了文化的生命。真正的文化永远是和文化精神追求结合在一起的。德国文化教育学的主要代表人物斯普朗格（Spranger）曾明确强调，教育教学“是一种文化活动，这种文化活动指向不断发展着的主体的个性生命生成，它的最终目的，是把既有的客观精神（文化）的真正富有价值的内涵分娩于主体之中”②。

教师教学生态环境从“技术”到“文化”，使教师能够跳出自身狭隘的学科局限，更加深刻地揭示教育和教学的文化秉性，从而有利于使其转变对教师的角色定位，即把教师视为一种职业、一个知识承载者和知识传承者，转变为把教师视为一个文化传承和创造的主体。

① 李纯．教学本质的文化哲学之思[J]. 天中学刊，2010, 25(4): 130-132.

② 石中英．教育哲学导论[M]. 北京：北京师范大学出版社，2002: 110.

（二）从“自发”到“自觉”

21世纪以来，我国乡村教师已经基本完成了数量上的积累和层次上的合理化调整，于是关注重点逐渐向乡村教师专业素质的提升方面转移。国家层面颁布多项教育政策，作为乡村教育发展的基本保障。按与乡村教师的相关程度来划分，这些政策可分为两部分：一部分是包含在普通教育政策中，向乡村教师专业发展方面倾斜；另一部分是关于乡村教师专业发展的专门政策，以提升其社会关注度。这一时期，国家颁布的决定和计划比较繁多，如2003年颁布的《国务院关于进一步加强乡村教育工作的决定》、2004年启动的《乡村学校教育硕士师资培训计划》、2006年启动的“乡村义务教育阶段学校教师特设岗位计划”、2007年制定的《教育部直属师范大学师范生免费教育实施办法（试行）》、2010年起实施的“中小学教师国家级培训计划”、2015年国务院办公厅印发《乡村教师支持计划（2015—2020年）》、2018年发布的《中共中央 国务院关于实施乡村振兴战略的意见》、2020年教育部等六部门印发《关于加强新时代乡村教师队伍建设的意见》等。这些政策的颁布与启动，是开展教师教育的要求和保障，而这些措施对乡村教师的专业素质提升方面带来的实际效果目前还没有明确地体现出来。为了进一步追求乡村教师专业素质的有效提升，乡村教师将目光逐渐转向对专业自主发展的关注。

与教师教育相比，教师自主发展更针对个体成长的特征。个体成长的内容比较广泛，形式也相对多样，然而并不是任何个体成长都适合通过自主发展来实现。乡村教师的专业成长之所以会具备自主发展的倾向，是基于以下三个基本条件。首先，乡村教师专业水平偏低引起的现实差距是内在的发展需求和愿望。在提及乡村教师这个概念时，实际上存在一个潜在的认可假设，即所讨论的问题基础均是以城市教师的状况和行动作为参考对象。于是，在涉及乡村教师专业水平时，必然会在潜意识中形成城乡教师的对比，而这种差距是客观存在的，也容易成为成长的需求和愿望。其次，通过自主发展实现专业水平的提升具有针对性。教师专业素质是教师整体水平的重要组成部分，是评价教师整体素质的重要衡量因素。由于教师专业素质的影响因素繁多，教师个体的专业表现与个人因素有直接的关联。因此，针对教师个体开展具有针对性的自主发展，能够有效促进教师个体的专业成长。最后，乡村教师是具有自主发展能力的学习者。自主发展意识意味着发展主体不仅能够把握自己与外部世界的关系，还能把自己的发展当作自己认识的对象和自觉实践的对象，能够构建出自身的内部世界。作为成人学习者，乡村教师已有教学经验储备是其开展自主发展的基础，同时乡村教师的专业成长具有个性需求的特点，因此其自主发展形式可针对个性问题实现有针对性的专业提升。

二、课程文化生态的创生

学校教育功能的实现有赖于课程，知识技能、主流价值观、行为规范等都需要课程这个载体来加以表现，因而课程就成了教育的“心脏”。[①]1999 年 6 月,《中共中央国务院关于深化教育改革全面推进素质教育的决定》明确提出:“调整和改革课程体系、结构、内容，建立新的基础教育课程体系，试行国家课程、地方课程和学校课程。”现行基础学校课程涵盖了国家课程、校本课程与地方课程三级。

随着新课改的不断深化，具备一定的课程开发与研究能力已成为乡村教师的基本要求。课程标准也提到，学校应在课程标准的指导下，按照具体条件和学生的需求，有选择地、创造性地设计和实施课程，开发利用各方面的课程资源，建立互补互动的资源网络，发展教师的教学个性和业务特长，根据时代的需要建设开放、多样、有序的课程体系。可见，课程与教学资源开发利用能力越来越成为教师专业发展的重要路径。

（一）国家课程资源的再开发

乡村教师可以在国家课程结构内，以本校学生的学情为基础，充分考虑学生的学习基础与发展需求，对国家课程资源和内容进行重新整合与调整安排。这里，本书把这种课程研究活动称作国家课程再开发。

一方面是选修课教学内容的挖掘。乡村教师通过集体讨论、斟酌，以国家课程为基础合作开发选修课的教学内容。具体来说，乡村教师认真钻研教材，结合学校各方面的资源与学生的需求，以国家选修课程为纲，整合出更贴合本校的系统的教学内容及相应的教学设计与评价方式。

另一方面是选修课的实施策略。选修课教学应遵循学生的主体性原则，

① 崔允漷，林荣凑．校本课程开发：课程故事 [M]. 上海：华东师范大学出版社，2007: 26.

将选修课学习的主动权交给学生。学校学科组可以先集体备课，然后由全年级组教师讨论决定，并互相交流合作，确定相应的教学重难点与相应的教学方法，制定合理的教学设计。当然，乡村教师并不是照本宣科地按照它来上课，而是将其作为自己实施教学的一个参考。后期会根据本班学生的基础做合适的教学安排。被选作代表的教学内容，将由乡村教师详细讲解。除此之外，该部分其余的篇目将由学生分组，参照选篇的学习思路开展自主合作学习，并于班内以小组为单位试讲、互评。最后，乡村教师进行总结点评和补充。在这里，有两个实施要点值得注意。第一，组织好班内小组自主合作学习是前提。对于小组的自主合作学习，首先要明确设定有效学习任务，其次要明确组内分工与合作，最后要善于发挥小组组长的领导作用。第二，乡村教师的总结与评价是关键。乡村教师作为课堂教学活动的主导，其总结与评价对于学生的自主合作学习起着画龙点睛的重要作用。学生自主学习中往往会出现对重点的把握不准确、对难点理解不透的现象，这就需要乡村教师进行点拨了。

综上所述，拿着课本与教参进行照本宣科的教学早已不适应素质教育的步伐。无论是对国家课程教学内容的整合、二次开发，还是教学活动的实施，都是对乡村教师课程研究意识与能力的考验。学科教师应组成课程共同体，结合本校及学生的实际发展需要，对国家课程进行二次开发。一方面，可以提升学校学科课程实施的有效性，为学生的全面发展奠定基础，为学校学科课程的顺利发展提供有力的支持。另一方面，基于课程共同体的国家课程二次开发，一定程度上可以提高乡村教师的课程开发能力。就乡村教师校本发展的角度而言，基于课程共同体的国家课程二次开发，可以唤醒乡村教师的课程意识。同时，使乡村教师的课程开发能力得到一定程度的提高。在基于课程共同体的课程开发与实施过程中，乡村教师通力合作，相互学习，共同进步，并在课程研究中实现自身的校本发展。

（二）乡土课程资源的有效利用

乡村教师作为知识传授者，其完全有能力对乡土课程资源加以甄别和选取，并将其利用到具体的课堂教育教学中，乡村的孩子们也有亲身感触这些乡土资源的机会。乡村学校占据着开发乡土课程资源的天时、地利与人和，所以有必要让乡村教师对埋藏在身边的丰富的乡土课程资源进行有效的开发与利用。但由于大多数教师未能树立正确的课程资源观，学生也未加入开发乡土课程资源的行列以及国家政策和地方政府、学校的支持力度问题，乡村学校出现了乡土课程资源浪费、闲置等现象，使乡村得天独厚的乡土课程资源未能发挥出其应有教育教学价值。

乡村教师在乡土课程资源的组织、开发和利用过程中发挥着主导和决定性的作用。首先，乡村教师要清醒地认识到自身就是一种十分重要的课程资源。乡村教师的专业素养将决定着乡土课程资源开发的程度及其所发挥效益水平的高低。这些就要求乡村教师要树立一种正确的课程资源观，深入、细致、全面地理解人本身就是一种人力资源，明确它的含义、价值和它的开发利用与教学过程的关系，利用好自身在开发乡土课程资源过程中的巨大作用。

其次，乡村教师要具备课程资源基本理论知识，提高开发技能。例如，在面对多样、多质、各具特色的资源时要慧眼识珠，深入挖掘其潜在的价值，并将课程资源进行合理选择与分配以适应学生学习的实际需求；灵活组织多样的活动使其进入学生学习的领域并发挥效益；对开发的实际效果做好评价并最终引导学生掌握自我评价能力。

最后，乡村教师作为开发主体，其执着的专业精神和独特的创新意识是必不可少的。乡土课程资源的开发与利用备受冷落，这就要求乡村教师要用更多的时间精力去向前摸索，必须具备较强的责任心和开拓精神，还要具有创新意识，立足于本校、本地区的乡土课程资源条件，根据学校状况、学生特点，大胆尝试，不断积累经验，进而不断丰富与完善乡土课程资源的开发与利用。

（三）校本课程资源的特色开发

校本课程开发，又称学校本位的课程开发、以校为本的课程开发、基于学校的课程开发，是指学校拥有课程权力，根据自己的教育哲学主张，结合本校的具体特点和条件，主要由学校教师和校长自主进行课程开发的一种课程开发模式或形态。

吴刚平认为，校本课程开发在多数学校中一直在进行，如果做得成功，它将成为学校教师专业发展的途径。[①]由此，校本课程开发与教师的专业发展是互利共赢的关系。但顾书明指出，目前教师队伍的发展与校本课程的发展有着较大的落差，也存在着较多的不相适应的问题，主要表现在两个方面：一是教师还没能转换角色；二是教师缺乏理论与技能的准备。[②]因此，要实现校本课程开发，实现校本课程开发促进教师专业发展，还有很长一段路要走。

当前，乡村教师在校本课程开发方面存在较大的困难和问题。校本课程多为乡村教师个体自愿或经学校以课题形式申报开设，课程形式和内容多由乡村教师个体的特长与学生的兴趣爱好来决定。校本课程分年级开设，一般每个年级开设三至五门，且大部分为综合实践类的选修课，不编写专门的校本课程课本，其教学过程安排、教学方案设计均由乡村教师个体制定。

校本课程开发，要变革已形成的教学技能，改变与教学技能相关的师生关系、同事关系等教学环境因素。[③]由此，校本课程开发应充分发挥乡村教师特长和学校文化的有利条件。一方面，乡村教师在课程共同体的交流与分享中能够开阔自己的专业视野，为校本课程开发奠定良好的基础。同时，课程共同体可以促进乡村教师之间的互助合作，增强乡村教师校本课程开发的信心与动力。另一方面，以课程共同体为基点的校本课程开发，充分发挥了乡村教师的集体智慧，为校本课程开发提供了强大的智力支持。

没有教师的发展就没有课程的发展，反过来，课程的发展将促进教师的专业成长。基于课程共同体的校本课程开发对乡村教师的校本发展来说是一个难能可贵的发展机遇。它要求乡村教师与其他乡村教师和相关人员进行广泛的合作。长此以往有利于乡村教师合作精神的发展。此外，校本课程开发有利于乡村教师知识结构的改变，同时有利于其技能的发展，即提高乡村教师的课程能力、研究能力和教学能力。[④]

① 吴刚平．校本课程开发[M]．成都：四川教育出版社，2002：247.
② 顾书明．校本课程发展与教师教育变革[J]．教育发展研究，2001(9)：33-36.
③ 顾书明．校本课程发展与教师教育变革[J]．教育发展研究，2001(9)：33-36.
④ 傅建明．校本课程开发与教师专业发展[J]．教育发展研究，2002(5)：18-22.

三、校本文化生态的改善

（一）构建课程合作文化

课程合作缘于德国社会学家滕尼斯（Tonnies）提出的一个社会学概念——“共同体”。他认为，在共同体中，社会关系的基础是某种自然意愿，而这种自然意愿包括情感、传统和人们的共同联系，其特点是人们之间有着强烈的认同感，对社区内其他成员有着全面的概念。[①]基于共同体的视角，课程合作是校本文化生态的重要内容。课程共同体就是以课程为联结纽带，其共同体成员基于共同的课程愿景，通过多样化的课程活动实现相互协作、参与和对话，在不断互动中解决问题、提升自我。在校本文化生态建设中，学科课程是最有凝聚力的中介，学校教研活动的有效组织基本上都是依托学科课程为纽带来开展的。总之，构建课程共同体成为学校推动教育教学改革和持续发展的有效途径。

教师专业发展虽然以自主性的个体发展为主，但由不同背景、经验和才能的教师所构成的学习共同体，“能够为教师专业素养的持续提升提供比单个教师的努力更为实际和有效的基础”[②]。构建学习共同体能为教师的专业发展提供更为广阔的发展环境和专业平台，为教师的发展提供更多的资源与情感支持。乡村教师在专业发展上所能得到的外部支持本身有限，如果能通过构建课程共同体，通过分享、交流、反馈等方式来解决课程实施中的问题，比教师独自摸索更有效果。课程共同体拥有共享的经验和资源库，同时通过成员的相互情感支持，可以帮助乡村教师高效解决现实问题并走出发展困境。

新课改背景下，教师的合作能力被放置到一个重要的位置。乡村教师成为课程合作者，这是信息化时代和课程改革赋予乡村教师专业发展的重要意义。乡村教师需要打破原有的疏离状态，通过互动、对话、协作和分享等合作方式，构成联系紧密的专业发展共同体。共同体成员可就以下层面开展教师合作文化建设：一是共同愿景的形式。教师之间不是竞争者，而是合作者、促进者，团队成员以专业发展为共同愿景，通过共同愿景促进教师之间的沟

① 滕尼斯．共同体与社会[M]．林荣远，译．北京：商务印书馆，1999：41．

② 时长江，陈仁涛，罗许成．专业学习共同体与教师合作文化[J]．教育发展研究，2007(11B)：76-79．

通、协作和分享。二是课程实践的合作。教师通过课程平台共同备课、互相观摩、开展对话和反思，共同研究课程实施过程中的焦点问题，一同解决教育教学中的专业疑惑。三是课程研究的合作。共同体成员就某一课程问题或项目开展共同研究，建构合理的项目合作梯队，开展团队攻关，共同解决面临的重大问题、共性问题。

（二）关注课堂教学行为

课堂教学是学校教育最集中的场域。自班级授课制产生以来，课堂教学作为教育最重要的方式，其重要意义不言而喻。课堂教学能不能达到预想的目标，教师的教学行为是关键，在某种意义上可以说，教师的教学行为决定了教育教学的成败。自教育学诞生以来，教育学者对教师教学行为就没有停止过关注，通过借鉴心理学、伦理学、社会学等学科的相关优秀理论成果，开展了大量的教育教学研究，逐渐得到了一个一致的结论，即教育教学研究的本质在于追求更合理的教学实践。而相关研究也证明了教师的教学行为是教学实践质量的关键。乡村基础教育课程改革已经进入攻坚阶段，各种问题和矛盾突显。在这种纷繁复杂的局面下，优化教师的课堂教学行为成为关键。只有教师的教学行为得到了根本性的改变，乡村课堂教学的质量才能得到根本的提升，乡村基础教育课程改革的各种矛盾和问题才能得到妥善的解决。

教师教学过程中持有的信念、观念和假设，将会直接影响教师做出重要的教学决策及其随后的教学行为。① 观念的形成绝非一朝一夕，观念的改变也不可能一蹴而就，所以乡村教师只能在漫长的学习与反思过程中去逐渐改变自己的不当的教育观念，从而树立正确的权威观、教育伦理观以及职业价值观。在学习中反思，在反思中学习：一是在学习与思考的过程中认识到转变不当教育观念的必要性与可能性，并根据新课标的理念经常质疑和挑战自己内心根深蒂固的不当教学观念，更重要的是要在合适的时机和必要的时候采取措施改变自己的不当的教学观念；二是不断在实践中加深对新课程理念实际效用的体验，从而不断加深对新课程理念的认同感。

① 威伦，哈奇森，博斯．有效教学决策[M]．李森，王纬虹，译．北京：教育科学出版社，2009: 8-12.

杜威（Dewey）认为，反复的、严肃的、持续不断的反思能够使我们的行为具有深思熟虑和自觉的方式。[①] 人只有觉知到自身的缺陷才会力图用行动去改变，所以教师的反思不仅是教师真正改变其教学行为的前提，也是其职业发展的需要。第一，立足于自我情境反思自身的失范教学行为。只有教师真正有意识地对自身的教学行为进行觉知和审视，对教学行为的结果进行细致的考量，才能发现自身的失范教学行为，进而才能有效地监控和纠正自己的失范教学行为。第二，通过学生的反馈和评价反观自身的教学失范行为。学生作为教学对象，是教学过程的直接参与者，他们时刻都在用心观察着教师的言行，因此他们的反馈不仅真实，还能够反映教师的学识修养和人格品质。第三，通过与同事的交流合作来审视自身的教学行为。反思也可以是一种集体行为。通过教师团体的合作交流，教师可以找到一些共同的教学行为失范问题，也可以通过群体智慧去找到矫正这些失范教学行为的方法和途径，还可以在教学经验的分享中，借鉴别人的先进经验来弥补自身的行为缺陷。

（三）营造扎根“本土”特色的学校文化

乡村学校文化的特色建设是指乡村学校在坚持学校文化共性基础之上，植根于乡村，立足于学校自身实际状况，建设区别于其他乡村学校和城市学校的独特优质的学校文化的过程。

从乡村学校角度看，我国的乡村文化具有明显的地域差异性，一地区的乡村文化不同于另一地区，因此乡村文化赋予了乡村学校不同的个性。从城乡学校角度看，我国几千年的农业文明决定了乡村文化在中国文化中占据着重要的地位，可以说乡村文化是中国文化之本。与城市文化相比，乡村文化保留了更多的传统文化特征。如果对其加以利用，即可成为优质的教育资源，赋予乡村学校不同于城市学校的独特个性。

纵观我国教育实践，随着现代化进程的加快，乡村学校盲目模仿城市学校，毫无自身特色可言。乡村学校对本土文化的放逐是乡村学校无特色的一个重要原因。乡村学校要打造有特色的学校文化，必须实现学校文化的本土化。乡村学校文化的本土化是指乡村学校“依据乡村的文化背景和现实生态，

① 赵祥麟，王承绪．杜威教育名篇 [M]．北京：教育科学出版社，2006：246-247.

挖掘乡村丰富的文化资源与历史素材，并诠释、吸收和应用城市文化和国外文化的先进精髓，创生具有自身特点和适合自身发展的文化过程”①。

乡村学校由外援式发展转为内涵式发展，最佳的选择就是利用本地的优势资源。对于乡村学校来说，优势资源到底是什么呢？自古以来，我国就是农业大国，乡土文化可以说是中国文化之根本。乡村学校应积极利用乡村地区丰富的乡土文化资源，而不是被动地等待别人援助，从而实现内涵式发展。

① 纪德奎，张海楠．城乡教育一体化进程中乡村学校文化的本土化选择[J]．中国教育学刊，2013(10)：48-51.

第三章　乡村教师教学能力概述

第一节　乡村教师教学能力的调查

本书以广西为调查样本，开展了针对乡村教师教学能力的实证调研，通过问卷设计，从课程理解、课程实施、教学研究与教学反思的维度，调查了乡村教师在新课改背景下的课堂教学行为。

一、调查内容

本书问卷调查内容主要分为两方面，分别是个人基本信息和课程与教学改革实施现状。个人基本信息包括教师的性别、年龄、教龄、学历、职位与职称。课程与教学改革方面所要调查的内容包括课程理解、课程实施、教学研究、教学反思等维度，并根据这几个维度编制调查问卷。

二、调查统计

本次调查主要采用电子版调查问卷形式，发送给广西壮族自治区内近100所乡村中小学教师开展抽样调查。发送问卷共510份，收回的有效问卷470份，达到92.2%的有效回收率。

（一）课程理解方面

1. 课程目标理解能力

教学目标是指课堂教学活动预期达到的最终结果，它规定了教学活动的方向，是衡量、评价课堂教学效果的重要指标体系。新课改背景下教师能否理解教学目标的设计导向，直接关系到教师对该课程的整体把握和理解。教师对课程目标的理解能力的情况如表3-1所示。

表 3-1　教师对课程目标的理解能力的情况

问题内容	选项	人数	百分比
是否理解新课程标准下教学目标的设计意图	A. 非常清楚	150	31.9%
	B. 基本清楚	280	59.6%
	C. 一般	40	8.5%
	D. 不太清楚	0	0.0%
	E. 完全不清楚	0	0.0%

从表 3-1 的调查数据可知，非常清楚和基本清楚新课程标准下教学目标设计意图的教师占 91.5%，这说明大部分教师对课程目标的理解能力是达标的。

2. 课程理念理解能力

课程理念关系到教师的教育素养和专业能力的问题，特别是课程改革中的教育理念，而教师对其理解能否准确决定着改革能否顺利实施和推进。教师对课程理念的理解情况如表 3-2 所示。

表 3-2　教师对课程理念的理解情况

问题内容	选项	人数	百分比
您能否理解新课程改革中的课程理念	A. 完全能够	40	8.5%
	B. 经常能够	200	42.6%
	C. 一般	230	48.9%
	D. 不太能够	0	0.0%
	E. 完全不能	0	0.0%

由表 3-2 的数据得知，表示经常能够理解和完全能够理解新课程理念的教师占 51.1%，但是仍有将近一半的教师只是一般能理解，这意味着在新课程改革中，提高教师对课程理念的理解能力仍然是亟待解决的现实问题。

3. 教学理念的理解能力

教学是由教师的教和学生的学组成的一种人类特有的人才培养活动。教学过程涉及诸多要素，包括教师、学生、教学内容以及教学环境、设施等。对教学过程的分析和理解，就是分析这些教学要素之间如何合理搭配、协调和优化的问题。其中，学生是学习的主体，是教师教学的对象，所以教师要树立以学生为主的教学理念。教师对教学理念的理解能力的情况如表 3-3 所示。

表 3-3　教师对教学理念的理解能力的情况

问题内容	选项	人数	百分比
您认为自己在教学过程中能够做到以学生为主吗	A. 完全能够	70	14.9%
	B. 经常能够	180	38.3%
	C. 一般	170	36.2%
	D. 不太能够	50	10.6%
	E. 完全不能	0	0.0%

表 3-3 的数据显示，经常能够和完全能够做到以学生为主体的实施过程的教师占 53.2%，但 36.2% 的教师表示自己在课程实施过程中一般能够做到以学生为主，而 10.6% 的教师表示不太能够做到以学生为主。这说明部分教师对以学生为主的教学理念的理解能力仍有一定的提升空间。

4. 教学内容选择能力

教学内容是为了实现教学目标，要求学生系统学习的知识、技能和行为经验的总和，是达成教学目标的重要载体。教学内容的呈现，既包括对现成教材内容的沿用，也包括对教材内容的"重构"——处理、加工、改编与增删。教学内容如何选择和呈现，是教师教学设计时需要用心思考的问题。教师对课程内容的选择依据的情况如表 3-4 所示。

表 3-4　教师对课程内容的选择依据的情况

问题内容	选项	人数	百分比
您是如何选择与确定课程内容作为自己的教学内容	A. 根据自身的经验	120	25.5%
	B. 照搬他人的教学设计	20	4.3%
	C. 根据课程标准的要求	140	29.8%
	D. 根据学生的需要	190	40.4%
	E. 其他	0	0.0%

如表 3-4 所示，40.4% 的教师表示自己主要是根据学生的需要选择与确定教学内容，说明大部分教师有着较好的课程观，考虑到了课程内容选择的主要因素。但也有 25.5% 的教师依据自己的经验来选择课程内容，其课程观念仍较传统。

上述调查结果显示，大多教师能够理解新课程的教学理念，具有一定的以学生为主的意识，但是部分教师对新课程理念的理解仍需要进一步提升。

（二）课程实施方面

课堂教学技能是教师必备的职业技能与专业能力。本书主要从教学方法运用、教学组织、教学评价与教学实施效果四方面着手，调查教师新课程下课堂教学现状。

教师对教学方法的运用情况如表 3–5 所示。

表 3–5　教师对教学方法的运用情况

问题内容	选项	人数	百分比
根据新课程精神，您认为自己能够有效且恰当地运用教学方法实施教学吗	A. 完全能够	70	14.9%
	B. 经常能够	90	19.2%
	C. 一般	230	48.9%
	D. 不太能够	80	17.0%
	E. 完全不能	0	0.0%

根据表 3–5 的数据统计显示，表示自己完全能够和经常能够有效且恰当地运用教学方法实施教学的教师占 34.1%，但也仅有 14.9% 的教师表示完全能够有效且恰当地运用教学方法实施教学。这说明新课程下教师如何使用教学方法有效实施教学，仍是一个有待解决的问题。

教师的教学组织情况如表 3–6 所示。

表 3–6　教师的教学组织情况

问题内容	选项	人数	百分比
新课程实施中，您认为自己课堂教学组织情况效果如何	A. 很好	40	8.5%
	B. 比较好	260	55.3%
	C. 一般	140	29.8%
	D. 不太好	30	6.4%
	E. 很不好	0	0.0%

表 3–6 的数据显示，认为自己的教学组织情况很好和比较好的教师占

63.8%；36.2% 的教师认为自己的教学组织情况只是一般或是不太好，这部分教师的教学组织能力仍有待提高。

教师的教学评价情况如表 3-7 所示。

表 3-7　教师的教学评价情况

问题内容	选项	人数	百分比
结合新课程理念，您认为自己能够根据学生的表现给予合理恰当的反馈与评价吗	A. 完全能够	40	8.5%
	B. 经常能够	230	49.0%
	C. 一般	190	40.4%
	D. 不太能够	10	2.1%
	E. 完全不能	0	0.0%

由表 3-7 的数据得知，表示完全能够和经常能够根据学生的表现给予合理恰当的反馈与评价的教师占 57.5%。但是，42.5% 的教师认为自己一般或是不太能够根据学生的表现给予合理恰当的反馈与评价。这说明部分教师的教学评价素质仍有提升空间。

教师的教学实施效果的情况如表 3-8 所示。

表 3-8　教师的教学实施效果的情况

问题内容	选项	人数	百分比
您认为自己的教学实施能够有效实现预期的教学目标吗	A. 完全能够	20	4.3%
	B. 经常能够	190	40.4%
	C. 一般	180	38.3%
	D. 不太能够	80	17.0%
	E. 完全不能	0	0.0%

教学目标是衡量教师教学效果的重要尺度。表 3-8 的调查数据显示，表示完全能够和经常能够有效实现预期的教学目标的教师占 44.7%，但是仍有超

过半数以上的教师表示一般或是不太能够有效实现预期的教学目标，仍有待提高自身的教学实施能力。

（三）教学研究方面

教学研究能力亦是教师必需的专业能力，主要是从课题研究活动的参与情况与教师发表的论文数量等维度进行调查。

教师参与课题研究的情况如表 3–9 所示。

表 3–9　教师参与课题研究的情况

问题内容	选项	人数	百分比
您是否参与过课程和教学改革方面的课题研究活动	A. 是	50	10.6%
	B. 否	420	89.4%

从表 3–9 数据可知，89.4% 的教师没有开展过与课程和教学改革相关的课题研究活动，仅有 10.6% 的教师参加过相关的研究活动，两者比例相差悬殊，需要教师不断提高开展或参与教学研究活动的意识，提高研究热情和参与度。

教师论文发表数量情况如表 3–10 所示。

表 3–10　教师论文发表数量情况

问题内容	选项	人数	百分比
您是否发表过课程与教学改革方面的文章	A. 是	10	2.1%
	B. 否	460	97.9%

表 3–10 的数据显示，大多数教师没有发表过与课程和教学改革相关的文章，其理论水平有待提高。

（四）教学反思方面

教学反思是提升教师教学能力的重要途径。本书主要是从教师自我反思的意识、教学反思撰写等维度调查教师的教学反思能力。

教师自我反思意识的情况如表 3–11 所示。

表 3–11　教师自我反思意识的情况

问题内容	选项	人数	百分比
新课程强调教师的反思能力，教学中您能否及时反思自身教育教学问题	A. 完全能够	50	10.6%
	B. 经常能够	250	53.2%
	C. 一般	170	36.2%
	D. 不太能够	0	0.0%
	E. 完全不能	0	0.0%

如表 3–11 显示，表示完全能够和经常能够及时反思自身的教学问题的教师占 63.8%，但也有 36.2% 的教师反思行为较缺乏，需要提高自己的反思能力。

教师撰写教学反思的情况如表 3–12 所示。

表 3–12　教师撰写教学反思的情况

问题内容	选项	人数	百分比
您是否坚持写教学反思	A. 每天坚持写	0	0.0%
	B. 经常写	80	17.0%
	C. 完成规定次数	50	10.6%
	D. 偶尔写	310	66.0%
	E. 从未写过	30	6.4%

由表 3–12 可知，17.0% 的教师表示会经常写教学反思，66.0% 的教师只是偶尔写教学反思，这说明多数教师并未能坚持写教学反思，缺乏自觉主动地反思意识，也反映出教师教学反思具有片段化、零碎性的特点，不成系统化，没有连续性，未能充分利用自我反思，以发现自己的问题，改善自身的不足。

第二节　乡村教师教学能力构成及特征

教师教学能力是教师专业发展的核心能力。新课改对教师的教学能力提出了更高要求，强调教师在知识选择、教学行动、学习方式、评价反馈等方面应主动适应现代教育的发展，持续提升自己的教育教学能力。因此，乡村教师应努力提升自身的教学能力。要想提升教学能力，乡村教师首先要了解教学能力。

一、乡村教师教学能力的构成

虽然现有研究对教师教学能力的内涵尚未达成一致，但大体上都把教学能力看作教师进行教学时所表现出来的一种特殊的专业能力。申继亮、王凯荣认为："教学能力是以认识能力为基础，在具体学科教学活动中表现出来的一种特殊能力（专业能力）。"① 不难看出，教学能力体现了教师的专业性特点。根据教学活动的特点以及所需的相应能力，结合新课改的教育理念和新要求，教师的教学能力结构框架可以大致分为五个方面：知识选择能力、教学设计能力、课堂实施能力、评价反馈能力和创新应用能力。

（一）知识选择能力

知识选择能力是指教学活动前教师对课程内容和资源的选择能力。教学活动一般分为课前、课中、课后三个阶段。其中，课前是教师开展教学设计的阶段，教学设计的一个基础就是对课程知识、教学资源进行分析和选择。就教学活动而言，并不是所有的教材知识都能进入课堂。教师需要对浩如烟海的知识进行选择和确定，需要凭借专业视野判断哪些知识可以进入教学环节，哪些知识需要进行二度开发和再利用，哪些知识需要舍弃和搁置。这种

① 申继亮，王凯荣．论教师的教学能力 [J]. 北京师范大学学报（人文社会科学版），2000(1): 65-71.

信息选择能力非常关键，它在教学的起始环节起到重要作用，保证“教什么”的科学性与合法性。知识选择能力与教师的知识管理、学科素养和专业判断有密切关联，是教师专业化发展的知识基础。

（二）教学设计能力

所谓教学设计，是教师通过选择合适的课程资源，依据学情设定教学目标和安排教学内容，整合教学手段和策略并创设合理的教学情境来制定课堂教学方案的过程。教学设计能力是教师教学能力的重要体现，教学活动能否有效、顺利实施，与教师教学设计的好坏直接相关。传统的教学设计重视知识的传递和输入，所以教师备课时过多地依赖教科书和权威定论，强调教学过程的按部就班以及教师教学行为的结果，而忽视了学生学习的主观能动性。新课改背景下，教师的课堂教学强调把学生作为主体，教学过程要考虑学生的个性特征和学习特质，倡导学生学习方式的转变。这些新理念对教师的教学设计能力提出了新的要求。设计理念要突显学生的学习主动性和创新精神；设计策略要强调对教学活动各要素的合理搭配和有效整合，注重教学过程的创造性和灵活性；设计内容要重视课程三维目标的融合，构建融洽、民主的课堂文化生态；设计目标要强调基于课程标准和学生学情，在设计中重视教学方案的开放性、拓展性和创新性。

（三）课堂实施能力

课堂实施能力指的是教师在课堂教学活动中所体现出来的教学技术、师生互动、课堂调控和学习指导等能力。课堂实施能力的高低决定着课堂教学质量的好坏。传统教学偏重知识传递，教师的课堂多是一种单向度的活动，教学方式单一，师生互动匮乏，学生被动学习，这样的课堂很难说得上是高质高效的。事实上，教学活动不只是单通道的知识输入过程，它更应聚焦师生互动、学习指导、探究合作等环节。2001 年，教育部印发的《基础教育课程改革纲要（试行）》中就倡导：“教师在教学过程中应与学生积极互动、共同发展，要处理好传授知识与培养能力的关系，注重培养学生的独立性和自主性，引导学生质疑、调查、探究，在实践中学习，促进学生在教师指导下主动地、富有个性地学习。”这对教师的教学实施能力提出了更高的要求。教学过程不再只是单向传输知识的过程，它需要教师更高的教学智慧，更强的专业素养，更有效的教学策略。

（四）评价反馈能力

评价反馈能力是指教师教学活动中体现出来的对“教”与“学”的价值判断、诊断反馈、效果监测等综合能力。这里的评价反馈能力包含两个层面。一是对教师“教”的价值判断，即能够分析诊断教师课堂教学的价值取向和效果达成度；二是对学生学业的评价反馈，即诊断监测学生学业方面学得如何、如何改进以及发展路向。评价反馈的重要价值体现在它的导向功能的发挥。以校本课程建设为例，教师需要对课程方案、课程内容、课程实施、课程效果进行分析和评估，以期保障课程内容的进一步优化，推进课程顺利实施。以学生学业评价为例，教师在评价时不仅要关注学生学习成绩，还要挖掘学生学习潜能，了解学生学习需求，以便助推学生正确评估自己，促进其可持续发展。评价反馈能力的核心是教师对“教”与“学”的诊断与分析，通过诊断分析，确立对教学活动正确的价值判断，以便合理选择科学、高效的教学策略。

（五）创新应用能力

创新应用能力贯穿于教师的整个教学过程，从教学设计到课堂实施再到评价反馈，都可能融入教师的应变能力、教学机制和教学风格，体现着教师对课程与教学的创造性理解与执行。创新应用能力是教师高层次教学能力的体现，是教师创造性开展教学活动的保证。这是由教学活动本身的特性所决定的。教学所面对的对象是复杂的“人”，每个学生都有其独特的个性和品质，因此机械僵化的教学过程显然无法适应学生的个体需求；课堂环节也复杂多变，因此教条式的教学活动显然难以应对多元的课堂生态。如果缺乏创新应用能力，教师就很难适应今天教育教学的新要求、新挑战。具体而言，教师的创新应用能力，在课程内容选择上体现为知识的深度、厚度和梯度的科学配置；在教学设计上体现为基于课程标准、学生学情的目标设置；在课堂实施上体现为预设与生成有机结合的开放性活动过程；在评价反馈上体现为剖析问题、解决问题的创造性应用。

二、乡村教师教学能力的特征

“乡村教师”的教学特性包含三层含义，一是根植于乡村的职业环境，二是立足于特殊的教育教学对象，三是聚焦于本土的教学内容。首先，乡村教师职业环境比较特殊，体现为以自给自足为特征的小农经济文化，体现出农民在长期的农耕实践中积淀下来的思维方式和价值取向，这种乡村文化给乡村教师的职业环境带来了封闭与落后等文化阻抗作用。封闭与落后的职业环境导致乡村教师队伍缺乏稳定性、平衡性和专业发展落后。其次，乡村教师教育教学对象多为留守儿童。留守儿童情感孤独、容易出现自卑、自闭心理以及不完成作业、校园欺凌等问题行为，需要教师给予更多的关心、疏导和生活上的帮助；同时乡村学生家校距离遥远，寄餐、寄宿学生较多，增加了学生课间、午休期间的安全隐患，需要教师多加看管。特殊的教育对象需要教师具备特殊的教育教学素养。最后，由于乡村学校的课程体系需要融入地方特色和知识，以适应乡村儿童的需求，所以乡村教师的教学内容具有一定乡土性，且由于乡村教师队伍的结构性问题，乡村教师的教学模式常为全科教学、包班教学等。职业的特征规定着职业的素养，乡村教师的教学能力体现着以下特征。

（一）本土性：知识转化的能力

乡村多元的群体文化、村落文化形成了丰富的文化资源，教学方式、课外活动、校本课程都会因这些资源的独特性而带上本土文化的烙印，因此乡村教师需要具备将普适性知识转化为本土性知识的能力。取材于自然和当地乡土资源是因地制宜开展教学的重要本土性资源。乡村教师通过教学内容重构、课程资源开发等，既可生成符合学生现实需求的本土性知识，又可以提升教师的知识管理能力。对乡村教师而言，本土性知识是其教学能力的有机组成部分，生成本土性知识是提升教学能力的内在需求。

（二）实践性：技能强化的能力

乡村教师的教学能力是一个动态发展的过程。知识素养、专业技能、创新能力等都是在动态的学习和实践中不断形成、提升、强化的。教学实践是教师技能成型的关键，这一点对乡村教师来说尤其重要。教学实践性知识的习得，很多时候并不一定靠专门的专业性训练和学习，更多是教师在教学实践中通过潜移默化的积淀转化而成。换言之，教师在教学实践中生成的教学智慧和经验是教师教学能力构成中的重要内容，有利于强化教学素养，而教学观摩、实践就是有效的方式之一。这意味着乡村教师应在更多的教学实践中强化技能。实践性是乡村教师专业发展的重要途径，如自觉基于课堂教学场域来开展教学研究，通过研究教学过程中遇到的教育现象和问题，从而揭示教育现象中隐藏的教育教学规律，从而提升自身的教学技能和素养。

（三）体验性：素养内化的能力

教学体验是一种隐性知识，通过乡村教师主体内部与原有知识联系之后，内化成乡村教师的教学素养。在不断的内化中，教学素养变成乡村教师自身在教学过程中的一种行动自觉。反思性体验就是教师素养内化的重要途径。在反思性体验的过程中，乡村教师能够发现问题，继而再对问题进行剖析，使探究所得能够更好地应用于实践当中，因而，乡村教师要自觉地把教学实践作为反思和体验对象，对自己的教育理念、知识技能、教学行为等进行重新思考和总结，运用教师主体实践与反思融合的方式实现教学素养的再提升。

第四章　乡村教师教学能力提升的路径

第一节　转型发展：提升乡村教师适应现代化教育发展能力

《国家中长期教育改革和发展规划纲要（2010—2020）》指出："到2020年，基本实现教育现代化，基本形成学习型社会，进入人力资源强国行列。"纲要的这一战略目标的核心是把我国建设成为人力资源强国，而要实现这一目标，教育现代化是最关键的实现路径。教育现代化尽管涉及诸多要素，但人的现代化才是关键。其中，"教师的现代化始终是教育现代化的关键"[①]。它是制约教育现代化的核心要素，直接影响着教育现代化目标的实现。

一、教师现代化的内涵

关于"现代化"的界定和解释，尚未有统一定论。从社会学视角看，一般倾向从社会结构转型来理解"现代化"的内涵，从社会转型角度来看，现代化包括工业化、城市化、开放化、分工化、平等化五个方面。[②]与社会现代化同步进行的就是人的现代化。人的现代化包含了心理、思想、态度等主体意识从传统向现代的转变和更新等内容，即人的本质得到充分的、全面的发展。因而，教师现代化的内涵应该包括与人的现代化紧密相连的主体觉醒、文化自觉、创新发展等内容。

（一）主体觉醒

教师现代化的重要品格之一，就是教师具备一种强烈的主体意识。主体意识所体现的是个性、平等、自由等内涵的有机统一，是现代社会个体全面、充分发展的基础。这种基于现代化转型的主体觉醒，正是教师现代化所应具备的内涵之一。中国传统教师重视对"传道、授业、解惑"职责的维护，但这种职责维护走到极端会使教师缺乏文化创造和创新意识，成为固守传统、维

① 鲍利辛可夫，张男星．时代挑战与教育科学的迫切任务[J]．教育研究，2004(9)：43-47.
② 童星，崔效辉．"现代化"概念及其内涵[J]．江苏行政学院学报，2004(4)：53-58.

护权威的“工具人”。正是这种固守，今天有部分教师就难以适应教育的变革而陷入迷茫，被动地参与课程与教学改革，无法突破现有的专业发展困境。

主体觉醒是指现代化教师以积极主动的姿态参与教育变革。主体觉醒外在特点体现为教学自主性增强，专业发展路径清晰，有强烈的学术自由精神，能主动投身于教育教学变革，等等；其内在特点体现为有强烈的内在改变意愿，教学生命被唤醒，重视职业内在价值的体现，重视专业发展，等等。主体觉醒是教师从传统迈向现代的基石，它强调的是教师个体的独立自主性和主观能动性，它指引教师走出职业发展的低谷，摆脱日常生活的束缚，其生命状态始终处于健康生长和活力充盈中。

（二）文化自觉

何谓文化自觉？费孝通认为，文化自觉是指“生活在一定文化中的人对其文化有‘自知之明’，明白它的来历、形成过程、所具有的特色和它发展的趋向”[①]。从教师认识的角度来说，文化自觉应该包括教师对自己的教育教学文化有清醒的认知，并主动探索课程文化、教学文化的性质和发展方向，具备现代化内涵的自觉意识、文化意识。文化自觉要求教师具备自我觉醒、自我反思和自我创造的意识。

教师的文化自觉在今天尤为重要。受教育全球化、大众化、市场化的影响，教育中的不合理现象越来越受到大众的关注，如教育的功利化倾向、教学的技术化追求等，使社会不得不重视教育的一系列文化危机。教育是人类最重要的文化活动之一，如果教育本身出现严重的文化危机，势必会影响整个社会的稳定和发展。教育中的文化危机，本质上就是一种教育文化缺失。

文化自觉就是教师对文化危机的一种主动应对。教师文化自觉的表现之一，就是教师要具备一种文化反思和文化批判精神，即对文化生活的一种审视和反思精神。它要求个体在面对文化危机时，能够进行文化反抗或文化治理的主动介入。它是个体的一种文化自我拯救，本质上也是人类精神的觉醒。教师文化自觉的表现之二，就是教师要具备一种文化认同意识。这种文化认同首先表现为一种文化自信，即对本民族文化有清醒的自我认知，在此基础

① 费孝通．文化与文化自觉[M]．北京：群言出版社，2016：227.

上，才谈得上怎么去继承、弘扬和创新本民族的优秀文化。教师文化自觉的表现之三，就是教师要具备一种文化追求的精神。具体而言，就是教师要把自己的教育教学活动当作真正意义上的文化活动，在课程建设中渗透文化内涵，在课堂教学中体现文化价值，在育人过程中体现文化哺育，让教育教学呈现文化生命的魅力。

（三）创新发展

创新意识是现代教师应具备的重要的品格之一。教师的现代化如果没有创新意识来保障，其创造潜能就难以得到激发，其职业生活就变得毫无生命力。一个现代教师具备创新意识，才会富有创新精神、批判精神，才能主动适应时代的变革和发展。世界教育的潮流就是在不断变革中创新发展，因而现代化教师应该敢于质疑权威、大胆改革、创新求变，这是现代化教师应具备的非常重要的品格和精神，是现代教育不断发展的动力之源，也是教育现代化的前提之一。

教师所服务的对象具有复杂性与发展性的特点。复杂性决定了教师的劳动不能因循守旧、抱残守缺，千年不变地按同一种模式去培养人才；发展性决定了教师的劳动具有创造性，需要教师具备创新意识，根据培养对象的发展特点去促使其成人成材。具有创新意识的现代化教师，能创造出体现自我价值的教学文化，在创新中不断回归自我、提升自我、超越自我，真正实现个体的生命价值。这种创造性的劳动才能真正激发学生的创造性潜能，才能真正培养学生的创新意识和创新品质。

二、乡村教师现代化发展的路径突破

乡村教师队伍建设和发展不能回避教育现代化、教师专业化等趋势。乡村教师应积极回应教育现代化对教师专业发展的诉求，而现代化发展是乡村教师摆脱现有文化困境的重要路径，是城乡教师一体发展的应然归宿。

（一）基于主体觉醒的乡村教师自我专业发展

乡村教师主体觉醒的重要特征就是其自我专业发展意识增强。若要增强乡村教师自我专业发展意识，则需要激发其内在的发展动力。内在动力是乡村教师真正寻求改变的基础，有了内在动力，乡村教师才会主动改变自己。乡村教师这种自我发展意识，大体包含以下内涵：能够对自己的职业特点有清晰的认识；对自己的专业素质有客观的评价；对教师职业有强烈的认同感；对职业生涯有合理的规划；对工作内容有持续的创新动力；等等。所以，乡村教师的自我专业发展意识意味着自己对教师职业价值和发展取向有明确的认识，这些因素会不断激发教师个体的自我发展。

教师自我发展意识是教师成为独立个体的现实需要，可以让教师明确自己未来发展的具体路径，是教师个体觉醒下的职业规划意识，是现代社会发展的现实需求在教师个体心理上的反映。① 乡村教师的现代化发展，如果缺乏自我发展的意愿，外部的力量是无法推动其实现现代化转型的。乡村教师有了这种自我发展意识，才会有内在动力去自主学习，并把终身学习作为自己持续发展的有效路径，通过不断学习来提高自己的专业水平，丰富自己的专业素养，以适应现代教育发展的需要。

乡村教师要实现自我专业发展，非常重要的一个理念转变是要端正专业发展动机。教师的专业发展动机可简单分为外部动机和内部动机两方面。对乡村教师的自我专业发展而言，内部动机更能促使其持续不断地提高专业发展水平。只有树立正确的专业发展动机，教师的专业发展才能够获得更多的效能感。专业发展效能感是教师发展过程中体现出来的自豪感和自信心，它可以激发教师满怀信心地完成工作任务，保持进取心理和发展动力，是教师自我专业发展中非常重要的心理感受。对乡村教师而言，提高其专业发展效能感非常有必要。发展动机明确、自我效能感较高的教师，其专业发展活动会更自觉、更主动、更有活力。

（二）基于文化自觉的教学生态构建

文化对人类的影响是深远的，它从价值观、角色意识、准则规范等方面影响着人的具体行为。教师的现代化发展与文化关联更为密切，其专业行为受到文化的深刻影响。乡村教师基于文化的自觉来审视自己的教学行为，可以深入理解价值观、文化观怎样影响自己的职业意识和专业发展。文化自觉

① 吉兆麟．论青年教师自我专业发展意识的培养[J]．教育与职业，2007(32)：140-141．

具有导向、推动和规范的作用，影响着教师对待教学、对待学生、对待学校的态度。乡村教师基于文化自觉构建良性的教学文化生态，可以促使乡村教师进行主动而积极的自我发展。

教学文化生态构建必须立足于教师教学的实际，其指向的是教师常态的教学“实景”。如果脱离“实景”去开展“应然”的应用和创新，其文化生态是缺乏校本基础的。具体来说，这种基于教学实际的文化生态内涵，应该包括教师的教学追求、专业精神和身份认知，教学共同体文化及相互影响，学校合作文化、激励机制及评价体系等。教学文化生态聚焦的是教师教学文化与可持续发展的良性互动，这个生态系统本身可以根据现代教育发展的要求和教师发展的实际不断进行动态调整，实现整个生态的均衡、持续发展。

文化生态取向意味着乡村教师要改变传统的唯“技术取向”的发展范式。教师重视教学技术有其合理性，但要让文化生态融入其教学实践和专业活动，让文化自觉主导其自主发展，实现专业素养和专业技能的内生性、持续性发展。从学校层面而言，要推动教师明确教学文化生态构建的重要性，引导教师走出以“技术取向”为唯一目的发展范式，让“技术”与“文化”和谐共生、融合发展。从教师层面而言，要让文化生态理念贯穿于教学、教研、专业发展的全过程，营造教师专业发展的和谐文化氛围，构建教师合作文化，多维度影响教师的专业意识、成就动机和发展取向，为教师的现代化发展注入可持续发展的内在动力。这样才能从本质上改变乡村教师发展的文化困境，推动乡村教师积极对接现代化教育的需求。

（三）基于创新发展的现代教育品质培育

创新意识是现代教育品质的重要内涵之一，是教师个体素质的升华，体现了教师教育信念的坚守，体现了教育智慧的生成。乡村教师唯有基于创新意识来发展，才能融入新课改的潮流，与现代教育的理念、精神和价值实现对接。要实现乡村教师的创新发展，需要教师有自觉自为的发展意愿，也需要整个教师队伍通力合作、共同提高。

首先，乡村教师要有自觉自为的发展意愿。创新发展过程是一个不断实现自我超越的过程，这个过程不会一帆风顺，它需要教师在不断解决矛盾、冲突的过程中走向新的状态。而要超越发展过程中的障碍，需要教师有强烈的参与热情和行动追求，需要保持积极的精神信念和高度的投入态度。教师如果缺乏这些挑战现实、超越自我的品质，也就谈不上什么创新发展，对教师的现代化发展更不可能有实质性的推动。

其次，乡村教师要基于共同体来整体提升。乡村教师的创新发展单靠个体努力会很艰难且孤立，唯有基于共同体的相互支持，才能在合作、鼓励中实现教师整个团队的提高。创新性发展是不断学习、不断体验、不断反思的过程，需要凝聚集体的智慧共同解决现实问题。因而，乡村教师要有意识地形成组织文化，建立学习型组织来应对教育教学中的现实问题。学习型组织的核心就是借助集体的智慧来达成最大的效益，而这也正是优秀教师生长所需要的文化土壤。

当然，乡村教师的现代化发展是一个渐进过程，其发展路径不可能一蹴而就，需要教师、学校以及社会共同推进并寻求有效路径去突破困境。这个过程也必然会给教师带来冲击，但教育的现代化发展是历史的必然，每个乡村教师都要面对现实的诉求进行选择。要么固守陈规成为现代教育路上的掉队者，要么对接现代教育的需求成为改革的弄潮者。乡村教师唯有主动参与教育变革，才会突破其现有的发展困境，真正成为教育现代化的推动者和建设者。

第二节　文化调适：畅通乡村教师专业发展的文化生态环境

乡村教师专业发展的制约因素众多，目前的研究视角较多关注乡村教师的生存环境和支持环境对其专业发展的影响，国家政策也主要从这些层面予以支持，如近年来不断强化的乡村教师培训政策就是从内部、外部支持环境来拓展乡村教师的专业发展路径，这些现实关注和策略推动无疑具有重要的实践价值。但要突破阻碍乡村教师专业发展的瓶颈问题，也应注重文化环境的消极因素对其专业发展产生的阻抗。将乡村教师专业发展的研究视角转向文化层面，有利于从整体上审视乡村文化生态环境对教师专业发展的影响，将乡村教师从外在推动的发展路径拓展至内在改变的自觉式发展之路。

一、文化阻抗的内涵及产生原因

（一）文化阻抗的内涵

“阻抗”一词源于物理学的专业术语，概指在具有电阻、电感和电容的电路里，对电路中的电流所起的阻碍作用。后来这个词被应用到心理学研究中，如在精神分析中，“阻抗”本质上是病人对分析进展、分析方法、分析过程起反作用的反向力量。阻抗一词进入文化领域，给文化现象研究与分析提供了一个新的视角，意指“某一特定民族及其文化对外来文化要素的一种消极反应，即文化要素在进入该民族与文化中所遇到的全部阻力”[①]。在这里，文化阻抗所体现的就是某一特定文化受外来文化影响时所表现出来的抗拒和阻力，这种抗拒和阻力是一种排斥性质的消极因素。

一旦形成特定文化体系，其内在结构就具有相对的稳定性和统一性，因而，排斥外来文化的进入就成为很自然的行为特征。为了保持固有文化的完整性和稳定性，只要外来文化不符合本文化系统的价值取向和习惯行为，对外来文化的态度，要么是排斥，要么是改造，这种排外性就是文化阻抗的典型表现。文化阻抗走向极端就是一种文化对抗。特别是外来文化过于强势时，固有文化体系就会形成一种对外来文化完全抵触或彻底排斥的状态，以维持自身的相对稳定性和整体性。文化阻抗虽然是一种自然的文化自我保护行为，但其消极因素也非常明显，即固守文化的传统及习惯容易使文化本身陷入封闭状态，最终造成自身文化脱离现代文明与社会发展的文化轨道。

（二）文化阻抗产生的原因

文化阻抗是在两种及以上不同文化碰撞时产生的一种社会文化表现，其产生原因与其中的深层文化心理有密切关联。

首先，任何群体对现有生存环境都有一定的依赖心理，即安于现状的稳固需求。一个群体的文化取向及价值观一旦形成，就会趋向稳定性和满足性。当新的文化到来时，势必会冲击原有的价值观，而人们可能会本能地产生抵触或拒绝情绪，或是对新的价值主张持将信将疑的态度。此时，人们就可能

① 彭克宏．社会科学大词典[M]．北京：中国国际广播出版社，1989: 345.

成为旧的价值观守护者、新文化施行的阻碍力量。这种阻抗表现，在社会转型阶段尤为明显。

其次，人们对现有秩序面临重整或破坏时的忧惧心理。这种忧惧心理在文化比较封闭的群体中较为明显，特别是与现代文明及文化环境有较大距离的群体中，其对当下的生存状态尤为关注，其维护现有秩序的心态更为强烈。因而，新文化一旦与现有秩序不协调，文化阻抗力量就不期而至，而这种现状的改观，唯有等到旧的文化秩序被新的文化价值观解构，新的价值观逐渐取代旧的价值观，才会被群体逐渐接纳及渐次认同。

最后，人们趋利避害时的一种心理反应。趋利避害是人的一种自然反应，特别是在文化相对封闭的群体里，单纯的趋利意识会主导其行为与观念，这种趋利行为走到极端就是一种保守式的排斥行为。现代文明的发展，是不同文化相互调适的一个发展过程。这个过程需要对原有价值取向采取“扬弃”的态度，保留其合理内核，才能使文化在传承中创新发展。因而，趋利避害的原则是发展，而不是固守，摒弃的是不合理的价值取向，而不是粗暴式地阻抗现代文明的进入。

二、乡村教师专业发展的文化调适

文化阻抗的消解需要通过文化的实务运作来完成，即落实到文化建设的具体环节中。根据乡村教师专业发展的特点，结合我国基础教育改革和发展的未来路向，文化调适可从物质文化、制度文化和精神文化三个基本领域来进行，对乡村教师专业发展的文化生态进行整体性与结构性的建设。

（一）学校物质文化的调适

学校物质文化的调适，首先需从国家政策层面进行宏观指导。为保障城乡基础教育均衡发展，提升乡村学校教育质量，体现基础教育阶段的公平性和公正性，国家应适时出台针对乡村教师发展的政策，保障乡村教师专业发展的需求和权利，为提高乡村教师队伍整体素质提供政策支持。在教育资源配置方面，要保障乡村及边远地区的需求，特别是教师资源配置方面，应向乡村地区倾斜，通过优惠政策的激励，吸引优质师资补充到乡村学校，为乡村教师队伍提供新鲜血液与活力。其次，改善乡村教师的生活、工作环境，提高物质和福利待遇，解决乡村教师的后顾之忧，同时优化学校的物质文化环境，加强文化设施建设，引导乡村教师形成积极、健康的生活态度，塑造乡村教师新的文化价值观。

（二）学校制度文化的调适

学校制度文化的建设关系到学校的长远发展和教师的整体素质，科学、合理的管理文化能够促进教师积极进取和创新发展。在学校管理层面，乡村学校可结合本校实际优化教师管理制度，尤其应体现以人为本的管理理念，实现学校管理的动态性和长远性，增强乡村教师对学校管理文化的认同感，引导教师爱校、爱岗、爱职业，使学校的制度文化与教师专业发展融合在一起，成为促进乡村教师专业发展的强劲动力源。在教师激励机制方面，乡村学校应围绕教师专业发展来构建评价机制，把教师职业素养、专业知识、教学技能、发展意识等要素作为核心指标，建设有利于乡村教师专业发展的激励制度；改革乡村教师职称评定和职级晋升的标准，营造有利于乡村教师专业发展的人才环境，激发乡村教师自觉主动地提升素质，并迈向优秀教师行列，促进乡村教师能量得到最大的释放。在职后能力提升方面，多渠道拓展乡村教师职后的发展通道，为乡村教师提供持续的外部支持，激励乡村教师走专业发展之路；学校可以通过构建乡村教师校本发展平台，完善学习共同体机制，促进乡村教师基于校本、基于合作、基于学习来拓展自我发展空间，形成乡村教师可持续的终身发展的良性运转机制。

（三）教师精神文化的调适

教师最高的精神境界应该是一种内在需要的价值追求。因此，乡村教师需要提升职业境界，塑造积极进取、自律自觉的教师精神文化。一是强化职业效能感。乡村教师需要摒弃唯功利的价值取向，在教育教学实践中体验自身职业的价值与幸福，让自己的职业生命焕发应有的活力与灵性，并使之成为自己专业发展源源不绝的内在动力。二是形成创新开放的文化心态。乡村教师需要突破传统文化的桎梏，更新文化观念，拓宽文化视野，形成具有现代特点的文化取向与文化思维。乡村教师要善于学习新知识，接受新事物，建设有利于自身发展的学习文化、教师文化和合作文化。三是塑造自我突围的文化品格。乡村教师需要具备一种自我突围的文化品格，直面所处的生存环境和文化生态，走出发展怪圈和泥沼。其中，乡村教师非常需要一种不断反省和检视自我的文化品格，通并过反思行为不断调整和修正自己的价值观念和行为取向，同时把反思性格融入自身的文化精神，使其成为乡村教师促进自身持续发展的内部动力。

第三节　校本行动：构建乡村教师教学行为改进的动力保障

校本发展也被称为学校本位的发展或“以校为本”的发展，是指以学校的具体场域来促进教师的内在转变，使教师通过日常的教育教学来获得自我觉醒、自我提升和有效的持续发展。目前，教师专业发展路径主要是依靠行政渠道自上而下开展集中培训和教研活动等方式进行，其实效性和针对性普遍不高。而教师的校本发展则是将外部专业支持和内部自我行动进行有机统整，注重教师工作情境、实践场域、自我体验对其专业发展的促进作用。

一、乡村教师选择校本发展路径的原因

目前，乡村教师专业发展重视效率和规模效应，强调集中式培训和研修的专家取向，但却忽略了乡村教师的自我行动和内在需求，这种缺乏内源动力的教师发展很难从根本上提升教师专业发展能力。而校本发展则聚焦乡村教师实践场域，这是因为教师的个体发展在知识获取、教学行为、合作文化等方面有其独特特征。

（一）学习：缄默性知识

教师职后的学习行为多是一种默会式的习得过程，这是因为教育实践具有显著的隐性教育特征。教师的教学经验、教学智慧不是靠“教”就会的，而是源于教师日常参与教育教学实践的体悟与积淀。教师在职场习得实践性知识不同于学院式、言传式的学习，更像一种随机式、体悟式的学习。这种学习行为与教师的实践场域紧密相连，而教师就是在诸如课堂、办公室、操场等特定情境，随机习得了与教育教学相关的经验智慧和做事方式。这个过程

要靠教师的体验和积淀，获取的知识也是缄默性的个人知识，是一种只可意会、难以言说的实践性知识。

教师的专业发展也是如此。从新手教师成长为专家型优秀教师，这过程不只是知识和能力的简单运用和叠加，还是一个教师对学校文化、教学文化的适应、认同并参与的过程。学校文化、教学文化的适应与认同，既需要时间的浸润，又需要教师的投入和体悟，是一个潜移默化的意会过程。相较于其他职业，教师的这种默会特征更为明显。例如，教师原本预设的课堂环节可能因学生的具体情境而变化。那么，教师为什么在课堂上会做出新的判断？其实，这种新的选择或许只是瞬间的智慧闪现。这种教学智慧不是靠教和培训形成的，而是通过教师不断积淀、不断默会形成的。教学实践场域有着太多的不确定性，这也为教师不断尝试、不断"试错"提供了多样的情境，使教师在这个过程中隐性地领悟到丰富的实践性知识。

（二）行动：情境性场域

教师的教育实践和教学行动离不开特定的学校情境，而学校情境有着太多的不确定性、不可控性，这就需要教师在实践与行动中根据教学现场做出即时反应。例如，教师在课前很难预测到课堂上可能发生什么，因此教学时就需要根据学生的多样化行为即时生成教学策略，不能仅按课前预设按部就班地完成教学流程。教师于职前或许已掌握较系统的教育教学理论知识，但这些知识如果不在具体情境中灵活运用，那也是毫无实践价值的。所以，教师的教育教学实践需要依赖情境性场域，而离开情境性场域，教师的行动将失去赖以存在的土壤。

再以乡村教师的培训为例，乡村教师通过职后培训可以学习到很多教学经验、行动策略，但回到自己的课堂，这些教学策略未必就适应自己的教学情境，此时，教师需要对这些经验或策略进行重组，使其符合教师自身教学行为和学生教学实际。基础教育教学改革尤其需要考虑这种情境性场域。

（三）协作：实践共同体

教师从新手走向成熟，是一个逐渐融入共同体的过程。学校的实践共同体一般以学科课程为联结纽带而形成，如学校的学科教研组就是典型的实践共同体。新入职教师对实践共同体的依赖最为明显。教师入职后会自觉接触共同体的理念和文化，并积极参与共同体的行动以期得到共同体的接纳，然后在共同体成员的支持和帮助下逐渐成熟起来并成为核心成员。实践共同体的主要功能是形成一种合作文化，解决教师单兵作战的孤立和无助，让教师形成协作团队共同面对教育问题和实践困难。

教师实践知识的习得也需要这种实践共同体。教师的学习过程有一个非常明显的特征，就是来自优秀教师的示范和引导。实践共同体对乡村教师校本发展尤显重要。乡村教师个人发展力量毕竟有限，而实践共同体的形成，则为其提供了技术互助和情感支持。作为共同体成员，教师与教师之间就不再是陌生人或路人甲的关系，而是有着共同目标的同行者，相互之间可以进行智慧分享和情感交流。实践共同体为乡村教师的校本发展搭建了分享和对话的平台，使年轻教师、教学经验不足的教师可以借助共同体迅速融入学校教师整体发展中，完成从普通教师向专家型教师的身份转变。

二、乡村教师校本发展的动力机制分析

教师专业发展离不开两个动力源，一个是外部环境的推动，另一个是教师自身的组织。乡村教师的校本发展亦如此，其基本动力也是由外在推动和内在转变两大力量组成，因而，围绕这两大力量相关的元素、利益、权责就构成了乡村教师校本发展的动力源或影响源。

（一）乡村教师校本发展的外在动力

1. 政策激励

依据马斯洛（Maslow）的需要层次理论，个体发展首先是基本需求的满足。乡村教师也是如此，只有在社会地位、经济收入、升职通道这些基本需求得到满足后，乡村教师才有动力主动发展。因此，国家需要从社会地位、福利待遇、发展空间等方面予以保障，从政策层面激励乡村教师持续发展。对乡村教师而言，政策层面的激励具体包括以下几点：一是专业发展机制的保障。相关部门需要在职称制度、评价制度、资格准入制度等方面为乡村教师提供政策保障，制定相关法规、政策，支持乡村教师主动发展。二是教师管理体系的优化。管理部门需要在专业发展、教学业务、评价反馈等方面细

化标准，优化乡村教师校本发展的管理机制、运行机制，建设有利于乡村教师发展的组织文化。三是教师生存环境的改善。乡村社会长期处于城乡二元社会结构格局，社会经济与文化发展滞后，使乡村学校具有封闭性、边缘性、落后性等特征，因此国家需要从政策层面继续加大对乡村教育的投入和支持，从经济、文化、资源等层面改善乡村教师的生存环境。

2. 文化支持

社会文化支持能够为乡村教师带来情感慰藉和发展动力，让乡村教师不再感到迷茫和孤单，不会因为生存境遇而放弃自我发展。乡村教师自我发展的动力不足，与整个社会没有形成对乡村教师群体的支持型文化氛围有一定关系。积极的社会文化支持可以增强教师的自我发展动力，而消极的文化环境只能削弱教师的发展热情。

学校文化方面，如果学校不能为教师的个体发展提供积极的文化支持，教师就会缺乏归宿感。其中，构建“以人为本”的组织文化是基础。管理者眼中有“人”，才能关注到教师发展的个体需求。其次，公平、公正的制度是保障。制度下的一视同仁才能让教师乐于奉献，敢于进取。最后，学校管理还需兼顾个体发展的普遍性和差异性。普遍性强调学校发展的共同目标，差异性重视个体发展的主观能动性。只有为乡村教师提供积极的学校文化生态，才能让其保持不竭的专业发展动力。

3. 平台保障

乡村教师校本发展离不开资源平台、专业平台的支持，因为这些平台可以为其提供发展所需的资源、技术、力量等。资源平台方面，相对于城市教师而言，乡村教师的校本发展资源相对匮乏，所以乡村教师开展校本行动、校本研修、校本文化建设等就缺乏相应的基础性资源支持，继而校本发展很难顺利、有序推进。因此，保障乡村教师专业发展资源供给充足，乡村教师校本发展才有基础和条件，从而给乡村教师注入主动发展的动力。专业平台方面，乡村教师校本发展的平台包括职后培训平台、校本研修平台、专业展示平台等。完备而有效的平台支持，可以为乡村教师搭建起自我发展的桥梁，能够给乡村教师注入持续的成就感。总之，搭建并完善资源平台和专业平台可以促进乡村教师校本发展。

（二）乡村教师校本发展的内源动力

1. 专业发展信念

专业发展信念是指教师对专业理想、专业价值、发展观念的基本判断和看法，是支撑教师专业发展的重要精神动力。教师缺乏专业发展信念支撑，相当于一个人缺失了思想和意识。专业信念与个体发展是相辅相成、互为促进的。一方面，专业信念是教师知识结构中的统帅和灵魂，对教师自我发展具有导向和激励作用；另一方面，教师的行动价值就在于把专业信念付诸实践，在行动中践行专业理想。专业信念作为重要的精神动力，对教师的教育教学实践会产生直接的、动态的影响，它会促使教师主动行动，自觉行动。此外，专业信念还能够维持教师整个发展过程的动态平衡。当教师发展遇到障碍或处于低谷时，信念会引导教师采取合乎专业价值的行动，发挥专业信念特有的动力功能。乡村教师校本发展是一个需要个体发挥主观能动性的动态过程。若教师缺乏专业信念引领，其持续发展动力就会严重不足。专业信念能够影响乡村教师的情感和意志，促使其认识和行为达成统一，进而实现乡村教师校本发展与其个体需求的有机结合。

2. 内在发展需求

内在需求是教师个体发展的重要内源动力，伴随着教师发展的全过程，它能够激发教师的发展意愿，激活教师的行动力，唤醒教师的发展动机，驱动教师积极主动发展并长期自觉维持这一行为。因此，乡村教师校本发展需要创造条件激发其内在需求的产生，需要重视其内在发展需求的满足程度。乡村教师只有通过自身努力满足内在需求，其自我发展动力才能不断维持，其专业发展的积极性才持续不竭。如果教师的自我发展没有这种内在需求的激励，所有外部支持都难以发挥正常功能。教师一旦产生真正的内在需求，就会主动、自觉、持续地自我发展，成为专业发展的真正主体。所以，在探讨乡村教师校本发展问题时，内在发展需求是关键内因，如果本身缺失内在发展需求，乡村教师的主动发展、校本发展就是一种奢求。总之，要增强乡村教师校本发展的内在动力，内在需求这个关键内因需要特别关注。

3. 教学效能感

教学效能感源于班杜拉（Bandura）的自我效能理论。在班杜拉看来，所谓自我效能感，就是指个体对自己是否有能力去完成某个行为的主观判断。

我国学者俞国良、罗晓路把教师教学效能感概括为教师在教学活动中对其能有效地完成教学工作、实现教学目标的一种能力的知觉与信念。[①]众多调查研究也表明，对教育教学能力相近的教师进行比较发现，高教学效能感者比低教学效能感者更能有效地解决问题，其教育行为表现和教育的有效性与教学效能感的高低有密切的关系。[②]教学效能感是一种整体性认知，它既包括教师对教学的价值判断和专业认知，又包括教师对教育教学工作的情感认同和接受。教学效能感能够强化教师专业发展的主体性、主动性和创造性，即便教师身处比较恶劣的生态环境中，如发展环境、福利待遇、社会地位、文化生态等受限，高教学效能感者也能突破环境桎梏，找到自我发展的价值和意义。总之，增强乡村教师教学效能感，就是让其找回专业自信和教学成就感，进一步强化其自我发展的内驱力。

三、乡村教师校本发展动力机制的实现路径

乡村教师校本发展的动力机制涉及外部支持和内在助推两大力量，内外部因素的合力决定了其实现路径也需从外部和内部两个层面考虑。

（一）外部支持：乡村教师校本发展的重要保障

1. 加强政策与制度保障

尽管近年来我国在教育经费投入上比例不断加大，但乡村学校的教育资源依然需要精准配置，特别是乡村教师生存环境、福利待遇等需要进一步改善。只有基本需求得到满足，乡村教师的校本发展才有保障。一方面，政策支持上可以适当倾斜，通过精准扶持为乡村教师的可持续发展保驾护航；另一方面，制度保障上细化责任制，让各级政府及教育部门各司其职，明确各自承担的责任与义务。

2. 重塑乡村教师舆论形象

随着改革开放与市场经济快速发展，社会价值观念正在发生变化，教师的社会形象受到越来越多的冲击，特别是乡村教师，其社会地位和职业价值

① 俞国良，罗晓路．教师教学效能感及其相关因素研究[J]. 北京师范大学学报（社会科学版），2000(1): 72-79.

② 屈卫国．教师教学效能感与教学效果的关系[J]. 教育科学，1999(4): 42-44.

普遍得不到社会重视，其自我发展动力受到抑制。当下，只有重塑乡村教师的社会价值和职业形象，引导社会民众关注乡村教师，理解乡村教师，引发整个社会关注和尊重乡村教师职业价值，才能带给乡村教师持续发展的生命活力和进取动力。

3. 加强学校组织文化建设

学校组织文化是乡村教师校本发展的基础，校本发展的关键就是学校本位的发展。学校组织文化有利于打破教师个人发展的孤立无援，充分发挥组织中每个成员的积极性和创造性，为教师的专业发展营造一个立体的、动态的、人性的管理生态，为教师持续发展提供强劲动力。学校组织文化建设关系到学校的长远发展和教师的整体素质，科学的管理文化能够促进教师积极进取和创新发展。加强学校组织文化建设，能够让乡村教师在校本发展过程中突破自我封闭的桎梏，与组织内成员形成协作文化，从而在相互支持中获得技术引导和情感力量，促使其主动发展、创造性地发展。

4. 完善考核机制与评价体系

当前，教师考核机制与评价体系还存在不足之处，在一定程度上抑制了教师工作的积极性，有待进一步完善。对于乡村教师来说，如果考核机制和评价体系与城市学校并无二致，不能因人而异，乡村教师在职称评定、向上流动以及专业发展方面就处于明显劣势。因此，乡村学校应该根据自身实际，从多个方面、多个角度出发，采用多种方式，因地制宜地构建动态性的考核机制与评价体系。

（二）内在需求：乡村教师校本发展的核心灵魂

1. 重塑内在教育价值观

教育价值观可以唤醒教师的专业兴趣，培育教师的专业情意，提升教师的专业情操，为教师发展提供信念支撑。对乡村教师而言，需要从以下几个方面重塑内在教育价值观。首先，坚守乡村教育信念。坚守乡村教育，需要乡村教师不为外界纷扰所惑，需要具备抵制世俗压力的超然情怀，对自己的职业发展有着高度的认同感。其次，磨炼砥砺前行的意志。乡村教师在教育教学实践中难免遇到各种挑战和诱惑，这就需要其具备一种砥砺前行的精神，在不断的挫折中、自我否定中突破发展障碍。再次，培育矢志事业的忠诚。

乡村教师对乡村教育都有一份特别的情结，这种情结只有转化为对教育事业的忠诚，才能够激发乡村教师强烈的职业认同感和责任感，才能够以积极进取的心态拥抱自己的教育生活并全身心投入事业。最后，养成善于反思的习惯。优秀教师的习惯之一就是勇于反思、善于反思，它是教师责任心、进取心与专业品质的综合。乡村教师尤其需要养成反思习惯，因为它能够帮助教师积淀教学经验和智慧，能够不断完善、升华和超越自我。

2. 激发教师内在发展意识

从学校的组织文化而言，建构科学合理的发展机制非常重要，它可以帮助教师认识自身的发展短板，激发教师内在发展意识。例如，学校可以创设名师发展机制、学科竞赛机制、继续教育机制等，为乡村教师的在职发展创建优良的空间，让乡村教师愿意发展，敢于发展，主动发展。从学校的协作文化而言，乡村教师可以课程为纽带建构专业发展共同体。成员间通过支持和鼓励创设合作文化，发挥每位教师的内在潜力和自身优势，让每一位教师都融入共同体文化，进而促进共同体成员的持续发展。

3. 加强教师的教学效能感

教师职业倦怠与个体、环境、情感等因素都有关联，其中，教学效能感低是一个重要因素。教师教学效能感低，容易导致教师教学积极性减弱，专业信心与发展动力不足。为此，学校一方面可以结合乡村教师发展状况，建立乡村教师成长的跟踪档案，以档案袋评价等动态评价方式与教师分享和交流教学成就，激发乡村教师教学成就感和专业自信；另一方面，学校通过建构情感支持体系，秉持“以人为本”的管理文化，对乡村教师的教学生活和工作予以关怀和包容，解决教师实际困难，为教师个体发展提供支持。①

① 袁罗牙．农村教师专业发展的内在动力缺失与回归[J].继续教育研究，2016(12): 77-79.

第五章　观察：彰显乡村教师的专业视角

第一节　课堂观察的内涵和意义

课堂观察源起西方，是一种科学研究的方法，是教学反思、课堂改进的起点，是乡村教师从“感性课堂”走向“理性课堂”、从“经验教学”走向“有效教学”的基本途径。这就有必要走进乡村教师的课堂现场，运用系统性的思维方法，指导乡村教师构建一个强调合作、基于证据、体现研究、指向“教”与“学”行为改进的课堂观察体系。运用聚焦性的思维方法，帮助乡村教师学会把“我从这堂课中看到了什么”作为课堂观察的逻辑起点，改变传统的“我认为这堂课……”的经验式思维，让教师的观察视角转向课堂事实，走进课堂深处，以课堂中的教学事件、教学细节为自己理解课堂、剖析课堂、反思课堂的原点。运用结构性的思维方法，协同乡村教师合作研制课堂观察框架、课堂要素分类、课堂理解维度、课堂问题特征描述等技术标准，促使乡村教师以专业视角来听课、观课。近年来，我国教育领域也对课堂观察开展了大量的理论研究和实践行动。那么，课堂观察的真正内涵如何界定？课堂观察对教师意味着什么？开展课堂观察需要注意什么？这些都是教师在开展课堂观察前需要厘清的问题。

一、课堂观察的内涵

课堂观察源于西方的科学主义思潮，其作为一种研究课堂的方法发展于二十世纪五六十年代。典型代表为美国社会心理学家贝尔斯（Bales）于 1950 年提出的“互动过程分析”理论。贝尔斯开发了人际互动的 12 类行为编码，并以此作为课堂中小组讨论的人际互动过程的研究框架。在某种程度上，贝尔斯的研究拉开了比较系统的课堂量化研究的序幕。而美国课堂研究专家弗兰德斯（Flanders）于1960年提出，后经他自己不断修正的研究成果“互动分类系统”，即运用一套编码系统记录课堂中的师生语言互动，以分析、改进教学行为，则标志着现代意义的课堂观察的开始。

科学研究方法尤其是教育科学研究方法的不断完善，编码表、项目清单等科学、量化研究工具的引入，录音机、摄像机等媒体技术的发展，丰富了课堂观察手段与技术，使课堂观察更具可操作性。但是，量化的课堂观察在加深对课堂教学的描述和认识的同时，也无法掩饰其纯技术的缺陷。从1970年代开始，人种志研究等质性研究方法开始走入课堂观察。完整的文字描述呈现了课堂全貌，使原本被剥离出来的课堂事件、课堂行为回归情境本身，使研究者利用个人经验可以更好地理解、诠释课堂。今天，人们探索、追求着质性研究与量化研究的融合。两种性质不同的研究取向从不同层面和不同方向丰富和充实了课堂观察的知识。

鲍里奇（Borich）从教师观察力培养的视角，指出了一条通向高效率教学的途径。他论证了进行课堂教学观察的必要性、维度、准备及方法等。在此基础上，他对课堂观察涉及的八个领域进行探讨，分别从八个维度出发，细致地介绍了每一维度下进行课堂教学观察的具体操作。这八个维度是感受课堂氛围、聚焦课堂管理、探寻教学过程的清晰度、查证教学指导方式的多样化、明确教学目标定位、检验教学过程中的学生参与、评估学习的成功、培养高品质的思维能力。

古德（Good）和布罗菲（Brophy）则更多地以研究者的身份观察课堂。他们研究了观察、描述、反思和理解课堂行为的方法，强调教师必须能够意识到课堂里在发生什么，而且能够准确地监控自己以及学生的意图和行为，这样，教师才能真正起到决策者的作用。同时要注意在进行课堂观察时，尽量减少课堂观察中个人的偏见，并把课堂观察得到的丰富多彩的资料进行整理、分析、反思，提高教师作为“积极决策者”的决策水平。

那么，到底什么是课堂观察呢？目前，学界采用的课堂观察定义一般来自两处。一是陈瑶在2002年的著作《课堂观察指导》中将课堂观察方法界定为“研究者或观察者带着明确的目的，凭借自身感官（如眼、耳等）及相关辅助工具（观察表、录音录像设备等），直接或间接从课堂情境中收集资料，并依据资料做相应研究的一种教育科学研究方法”。二是沈毅、崔允漷的《课堂观察：走向专业的听评课》一书中将其表述为“通过观察对课堂的运行状况进行记录、分析和研究，并在此基础上谋求学生课堂学习的改善、促进教师发展的专业活动”。这两种概念在对课堂观察基本性状的描述上差不多，但各有侧重：前者更多地指向教育研究，把课堂观察作为教育研究的方法和工具；后者则侧重教育实践取向，将课堂观察作为一种教育研究活动。虽然不同研究者对课堂观察的概念演绎或有不同，但在一些基本性状上还是存在共识的，即课堂观察的基本特征包括以下几点：

——课堂观察是一种行为系统。它由明确观察目的、选择观察对象、确定观察行为、记录观察情况、处理观察数据、呈现观察结果等一系列不同阶段的不同行为构成。

——课堂观察是一种研究方法。它将研究问题具体化为观察点，将课堂中连续事件拆解为一个个时间单元，将课堂中的复杂性情境拆解为一个个空间单元，透过观察点对一个个单元进行定格、扫描，搜集、描述与记录相关的详细信息，再对观察结果进行反思、分析、推论，以此改善教师的教学，促进学生的学习。

——课堂观察是一种工作流程。它包括课前会议、课中观察和课后会议三个阶段。从课前会议的讨论与确定，到课堂中的观察与记录，再到课后会议的分析与反馈，构成了确定问题—收集信息—解决问题的工作流程。基于课堂观察，教师认识、理解、把握课堂教学事件，澄清教学实践的焦点问题，并在数据分析的基础之上反思教学行为，寻求新的教学改进策略与方式。

——课堂观察是一种团队合作，它由既彼此分工又相互合作的团队进行。在课堂观察的整个过程中，每一个阶段都是教师之间多向互动的过程。教师借助课堂观察共同体，探究、应对具体的课程、教学、学习、管理上的问题，开展自我反思和专业对话，在改进课堂教学的同时，促使该合作体的每一位成员都得到应有的发展。

课堂观察与传统的听评课有所区别。虽然中小学教师一直有听评课的教研活动，但传统的听评课所花时间多，效果却非常有限。这是因为传统听评课的专业化程度不高，主要体现在以下几点：

——听课，无合作的任务，没有明确的分工。

——评课，无证据的推论，基于假设的话语居多。

——听评课，无研究的实践，应付任务式的居多。

而课堂观察则是以一种专业的思维来思考教师同伴间的听评课，倡导那种理解课堂、重在合作、关注学习、基于证据的听评课。

二、课堂观察的意义

课堂观察对改善学生课堂学习、促进教师专业发展和形成学校合作文化等都有着重要的意义。

首先，课堂观察能改善学生的课堂学习。无论是教师行为的改进、课程资源的利用，还是课堂文化的创设，都是以学生课堂的有效学习为落脚点。课堂观察主要关注学生是如何学习、会不会学习，以及学得怎样，这与传统的听评课主要关注教师单方的行为有很大的不同；即使确定的观察点不是学生，其最终还是需要通过学生的学习是否有效得到检验。因此，课堂观察的过程是合作体关注学习、研究学习和促进学习的过程，始终围绕着学生课堂学习的改善而运转。

其次，课堂观察能促进教师专业发展。一方面是由于课堂观察的专业品性：课堂观察不是为了评价教学，面向过去，在观察之后将被观察者评出三六九等；而是为了改进课堂学习、追求内在价值，面向未来，在观察的整个过程中进行平等对话、思想碰撞，探讨课堂学习的专业问题。另一方面是由于课堂观察是教师参与研究：教师参与研究是教师专业发展的重要且有效的途径之一，而课堂作为教师教学的主阵地是教师从事研究的宝贵资源；课堂观察促使教师由观察他人课堂而反思自己的教育理念和教学行为，感悟和提升自己的教育教学能力；无论是观察者还是被观察者，无论是处在哪个发展阶段的教师，都可以根据自己的实际需要，有针对性地进行课堂观察，从而汲取他人的经验，获得实践知识，改进自己的教学技能，提升自己的专业素养；有质量的课堂观察就是一种研究活动，它在教学实践和教学理论之间架起一座桥梁，为教师的专业发展提供了一条很好的途径。

最后，课堂观察作为一种合作的专业研究活动，有助于学校合作文化的形成。课堂观察是出于自愿和协商的专业学习活动，是互惠性的，使观察者和被观察者都能受益。课堂观察合作体的形成与活动的开展营造了一种合作的学校文化，增进了教师的责任感和对学校的归宿感。

第二节　课堂观察的方法和程序

有效的观察是一个选择性观察的过程，这意味着观察必须要有方法以及特定的程序。因而，明确课堂观察的方法、程序及要点是开展课堂观察的基础工作。

一、课堂观察方法

课堂观察的方法及技术丰富多样，根据资料收集的方式以及资料本身的属性来划分可以被分为定性观察和定量观察两种。

（一）定性观察

所谓定性观察，也称描述性观察，事先往往不用制作观察项目清单，没有详细的观察提纲，只有大致的观察思路，然后在自然状态下观察被观察者的行为和所处的情境，并进行尽量详尽的描述性记录，在观察后根据回忆对记录加以必要的补充和完善，再对所收集的原始资料进行分类和分析。在定性观察中，资料收集的规则是灵活的，是基于需要在观察的过程中形成的，主要描述事件、过程、情境，以及观察者的感受和领悟。

定性观察是我国教育研究者和教师采用的主要观察方法。通过定性观察，研究者可以观察到教学方法的具体运用，了解课堂中教师的教和学生的学的行为，还可以揭示课堂教学中的社会关系（课堂教学的社会文化特征），如教师在课堂上充当什么样的社会角色，学生回答或不回答问题的行为具有什么样的社会文化色彩等。

定性观察的主要作用是展示课堂教学的动态过程。例如，在导入之后，讲解之中，或在提问之时，教师应注意观察学习氛围是否形成，学生反响是否热烈，学习兴趣是否浓厚，教学目标是否达到；除此之外，还应注意反面观察：有多少人打瞌睡、开小差，对学习内容不感兴趣，对提问的反应无动于衷。只有掌握真实的反应，教师才能得出正确的判断。再如，在教学告一段落后，教师应关注学生的反应，观察教学效果，包括对提问的反应、对课堂练习和作业的反应、对教师讲解的反应等。

定性观察的关键是根据研究的目的密切注意课堂发生的一切，要注意观察被观察对象的一切行为和行为发生的情境，尽可能详尽地记录。定性观察记录的篇幅一般都比较长，有师生对话，有对现象的具体描述，有对各种现象之间的关系的分析。定性观察资料的记录方式主要有课堂实录、课堂叙事、设备记录等。

1. 课堂实录

课堂实录最初是用摄像设备将教师开展教学的全过程拍摄下来，以便他人、执教者可以在课后仔细观看。又由于摄像可以反复播放，还可以暂停、慢放、回放等，这就便于观看者逐步细微地观察执教者的教学行为，从而有利于其从宏观到微观地对课堂教学进行分析和评价。

后来，研究工作者根据摄像把课堂教学过程中师生话语行为如实地记录下来，有时加上师生对话的情景、神态等因素，这就形成了文字形式的课堂实录。很多课堂教学活动主要是通过师生对话来实现的，所以把师生的话语行为记录下来，则基本把课堂教学活动的原貌记录下来。文字的课堂实录可以发表，其传播就更为便捷，可以让更多的人从中受益。

【案例呈现】（片段）

师：今天很高兴能在这里和大家共同学习。我是来自成都中和职业中学的江娜老师（板书“江娜”），希望能和同学们成为朋友。和大家初次见面，老师要送一份礼物，这份礼物是一首歌。请大家认真听，听的时候要关注这首歌的主题和歌词。（出示演示文稿）

这首歌表达的主题是什么？你记住了哪些歌词？

现在我送出第一份礼物。（教师播放歌曲《我的好兄弟》，时间 3 分 12 秒）

师：歌曲播放结束。你们听出这首歌的主题是什么呢？

生：（齐答）朋友和兄弟。

师：很好。你们听出了哪些歌词？

生 1：在需要的时候……可以一起度过。

生 2：朋友的情谊比天还要高，比地还要辽阔。

师：很好，今天第一个礼物同学们听懂了，咱们心有灵犀是朋友了。现在请我的朋友们来把自己的名字写在我的名字旁边。（前后有三位同学主动在黑板上把自己的名字写到了老师名字的旁边）

师：好，我记住你们的名字了，罗良勇、罗仁梁、沙志强。相信这三位同学是咱们班积极、主动的代表，是不是应该给他们掌声呢？（学生鼓掌）①

课堂实录能够完整记叙课堂教学的过程，而课堂发生的一切构成了前后相连、因果相接的事件序列。观察记录人员不需要特殊的训练与技能，只要反复观看和记录下师生对话即可。但课堂实录记录的是课堂教学的原貌，相当于宝贵矿藏的原生状态。由于并非所有人都具有冶炼矿石的能力，所以，能否看出执教者的教学设计的意图，能否认识其中的教学艺术，要看观察者的教学经验和学识了。可以说，对课堂实录的理解基本是仁者见仁、智者见智了。

2. 课堂叙事

课堂教学活动是丰富而复杂的，且转瞬即逝，所以观察者很难及时地将信息储存在大脑之中，并及时记录下来。为此，叙事性记录则倡导在观察课堂的同时对相关事件和行为进行详细的文字记录，并对观察到的现象进行主观评价。人类学把这种描述称为“田野日志”或“田野笔记”。对于课堂叙事，观察者往往事先确定一定的观察视野，关注与之相关的事件，记下事件发生的时间、过程及其人物。叙事报告分两部分：第一部分是事件本身；第二部分是对事件的解释，包括分析所涉及的人的特点和其行为对师生造成的影响。

【案例呈现】（片段）

上课不久，老师指着黑板上课前准备的草图，向全班问道：“右图是否与Y轴对称？”“是！”声音很一致，几乎没有异议。不过，若不是我们亲眼所见，几乎不敢相信这个班上还坐了那么多的女生，男生的声音完全盖住了女生的声音。时隔不久，老师又问了另一个问题：“在证明 $f(-x)=f(x)$ 时，此时任取 x，x 是否一定为正数？”课堂上星星点点的是女生的声音，而男生

① 江娜．趣味·活动·目标——《朋友四型》课堂实录[J]．语文建设，2014(7)：47-49.

似乎有点犹豫。在讲授新课的阶段，老师提出了一些深层次的问题。这时，老师有意让女生来回答，女生也回答得很正确、清晰，男生反而不那么“热情”了。在最后的总结阶段，老师提出了一些有难度、有一些“陷阱”的题目，此时老师有意让男生来回答，一些粗心的男生纷纷上当，落入“陷阱”。老师就抓住这个机会纠正错误，给同学们明确了正确的方法。①

由于课堂叙事需要观察者深刻解释叙事背后所包含的教育教学的本质特征，能让读者透过教学的现象看到其背后的理据，这就要求观察者经受过严格的专业训练，有较高的教育理论修养，能够在繁杂的课堂教学现象中捕捉富于教育意义的重要事件，并能对事件进行科学的解释。

3. 设备记录

研究者借助摄像机、录音机、照相机等设备，把某段时间内的现场实况摄录下来，供资料分析时回放使用。

设备记录为反复、细致研究提供了永久性的记录，为在更深层次上研究微观问题提供了基础，也为其他记录方式提供可靠性的依据。但是，它对被观察者的干扰较大，而且记录者必须熟练操作设备、充分理解研究目的、有效地取舍研究场景。

（二）定量观察

所谓定量观察，也称系统化的观察、结构性的观察、标准化的观察，要求观察者在观察前设计一套严密的、定量的、结构化的记录系统，一般需要预先对观察的行为或现象进行分类，具体规定各类行为或现象的特征、记录方法等，以便在实际观察时能便捷地进行观察和记录。这种观察记录的结果一般是一些规范的数据。

定量观察的方法具有很强的技术性、工具性，能通过它对课堂进行有限距离的微观研究。但是，也正是由于观察工具（如特定的观察表）的限制，研究者看到、记录到的只是部分的课堂事实。在定量的课堂观察技术下，课堂有可能被分割、被结构化，观察活动较少考虑背景因素，视角单一，只对预

① 罗瑜．体验那一份当老师的感觉 [J]. 中学数学月刊，2003(6): 6-7.

定的项目（如教师行为、学生参与）进行记录，而忽视其他因素，因此观察到的教育现象尽管细节丰富，但难免片面。但如果采取小组合作的方式，结合运用多样的观察方法，则既可以从微观上观察课堂细节，又可以从宏观上整体把握课堂教学情态。下面介绍几个实用的定量观察方法。

1. 弗兰德斯的师生互动观察法

弗兰德斯的师生互动观察法是从群体动力学中引出的一种课堂教学的观察程序，它是对一个群体成员在某一情境中如何相互作用进行系统的记录，对作用的结果进行解释的观察分析方法。这一方法运用于评述课堂教学，记录在观察的时间内教师和学生在课堂上所说的话和所做的事，用于评价教师引导的集体讨论、学生参与学习的水平、教师的提问和反馈的策略等，然后进行分析。

弗兰德斯的师生互动观察法，把课堂教学中的语言行为分为十类，有七类是教师语言，两类是学生语言，一类是沉默或混乱。具体分类如下：

（1）教师的讲话：

①反应（间接影响）。

A. 接受感情（接受和阐释学生的感情，包括积极的或消极的，预测的或回忆的）。

B. 表扬或鼓励（表扬或鼓励学生的行为，包括点头，说“唔”“还有吗？”）。

C. 接受或采用学生的观点（阐释或发挥学生提出的观点，但如教师的话更多的是自己的看法则归入范畴 E）。

D. 提出问题（对内容或程序提问，并期望学生回答）。

②主动行为（直接影响）。

E. 讲授（对内容或程序提供事实或观点，表明自己的看法，做出自己的解释，或引证权威的观点）。

F. 给予指导（提出要求，进行指导，期望学生运用）。

G. 批评或维护权威（劝说，试图把学生的行为从不可接受的类型改变为可以接受的类型，责骂学生，阐明自己采取行为的理由）。

（2）学生的讲话：

H. 反应性说话（学生讲话回答教师的提问）。

I. 主动性说话（学生发起谈话，属主动行为）。

（3）其他：

J. 沉默或混乱（停顿，短时间的沉默或混乱，观察者无法了解其交往内容）。

弗兰德斯师生言语互动编码系统如表 5-1 所示。

表 5-1　弗兰德斯的师生言语互动编码系统

分类		编码	内容
教师语言	间接影响	A	接受感情（接纳学生的感受）
		B	表扬或鼓励
		C	接受或采用学生的观点
		D	提出问题
	直接影响	E	讲授
		F	给予指导
		G	批评或维护权威
学生语言		H	反应性说话
		I	主动性说话
无效语言		J	沉默或混乱

师生互动观察法比较简单，把 10 个项目画成图表，观察者用图表在课堂里进行观察并做记录，记录下所观察到的互动作用类型的代号，最后经过分析得出观察结果。弗兰德斯的师生言语互动数据表如表 5-2 所示。

表 5-2　弗兰德斯的师生言语互动数据表

	1	2	3	4	5	6	7	8	9	10	11	12	13	14	15	16	17	18	19	20
1																				
2																				
3																				
4																				
5																				

续　表

6																				
7																				
8																				
9																				
10																				
11																				
12																				
13																				
14																				
15																				

注：在课堂观察中，每隔3秒钟取样一次，并在事先设计好的记录表中记下一个编码，以此形成课堂观察记录。1分钟有20个3秒，数据表的每行共有20个方格，可以记录1分钟内20个行为编码。15行代表一段15分钟的连续观察。

2. 行为检评表

行为检评表是列举了观察对象在所要研究的特定情景中所有可能发生的行为或反应的表格。观察者对照行为检评表，在现场或事后将观察过程中观察对象发生的真实行为或反应记录下来，以便进一步分析。行为检评表可以应用于个案研究或长期研究，尤其适合课堂教学研究，可以检评教师的课堂管理活动，也可以检查、测评课堂学习过程中学生的行为表现，以便了解学生学业成绩上升或下降的原因，寻找积极的教育对策。

（1）行为检评表编制的步骤。

①根据研究目的确定检评的内容。在实际观察时，研究者会观察到大量的行为表现，必所以研究者须事先确定要研究的行为内容，使观察集中在较小的范围内，否则观察难以进行。

②列出所要观察的目标行为。根据所要研究的行为内容，列出研究者所要观察的详细的目标行为，以便有针对性地进行观察。研究者可以先预观察，收集目标行为。

③根据研究目的要求和观察的具体情况，选择检评表的适当类型。例如，研究课堂教学活动中学生的反应特点和教师的管理行为，可采用行为检查表；

而由学生相互评定课堂行为表现，由教师根据印象评定学生等，可选用评价表。

④行为检评表中观察项目的排列要合乎逻辑，使研究者能迅速在相应位置上进行记录。

（2）检评表的优缺点。优点：能使研究者及时记录学生的行为表现，方便易行；能记录下某行为第一次发生或被观察到的日期；能提供一些诊断性信息，帮助研究者分析原因。缺点：不能提供行为发生的质和量方面的信息，如行为发生的频率、持续时间和行为的质量等。

学生的行为检评表样例如表 5–3 所示。

表 5–3　学生行为检评表

时间 / 分钟	1	2	3	4	5	6	7	8	9	10	11	12	13	…
管理														
等待注意														
无关活动														
听														
观察														
动手实践														
讨论														
思考														
阅读														
写														

这个记录表很直观地让人了解到这个学生在这段上课时间内进行的主要活动，以及哪些行为发生得多、哪些行为发生得少。

3. 创设情境观察法

创设情境观察法是研究者为了一定的研究目的，创设并控制一定条件的情境，在此控制情境中观察儿童行为反应，具有客观性，还可以减少社会性误差，是目前较好的一种观察方法。

有这样一个跨文化研究，在一个小口大肚子的瓶子里，放进五根绳，每根绳上系着一个小球，这个小球的直径与瓶口直径相等，让五个小学生每人手拿一根绳，当听到一二三开始的口令后，每人都往外拉绳子，谁第一个把小球拉出瓶口，谁就获胜，奖杯就给谁。当研究者喊出一二三口令后，观察小孩的行为表现。

这个研究实际是考察小学生合作性的社会性发展问题。研究者为了真实地反映不同文化背景儿童合作性发展问题，就创设这样一个往外拉绳的研究。如果小孩都争强好胜，谁都不能把球拉出来；如果小孩有一定的合作精神，则会按一定顺序把球往外拉。

此外，我国的研究者曾创设“十张电影票”的情景来观察学生的谦让精神、文明礼貌行为养成、劳动技能等。其研究目的是，经过一年多的教育，学生在集体生活中是否有了谦让精神，今后应采取哪些教育措施。研究方法是事件抽样观察法，事件是人为创设的，以便观察到要观察的行为表现。

观察对象是二年级一班全体学生，时间是某星期五班队活动的 40 分钟。具体过程是：①活动开始，辅导员手持十张电影票，只说下面的指导语：“这是老师送给我们中队的十张电影票，片名是 ×××，电影很好看；我们有五个小队，每个小队分给两张票，请各小队开小队会讨论，决定把票分给谁；明天下午 × 点这十名同学在学校集合，一起去看这场电影。”②分小队讨论；研究人员与教师共五人，分别参加各小队活动，只记录讨论过程和每个学生的表现，不参与讨论和决定。③哪个小队讨论完了，就可放学回家；40 分钟内做不出决定的小队，辅导员参与讨论，引导该小队做出决定。④观察后整理记录，写出每个学生的表现，并按照“主动谦让”“可以谦让”“服从决议”“不谦让”的等级分类。[①]

运用定量观察研究方法，可以用预先设计好的量表内容来记录和诠释课堂事件，但却无法记录非语言的主观感受并有可能漏掉某些重要的课堂信息。定性观察研究方法则可以弥补这些方面的不足，即观察者可以根据自身经验用文字描述和诠释课堂事件。因此，采取小组合作的方式，并综合运用定性观察和定量观察方法可以很好地把握课堂教学的全貌。

① 吴剀．观察法在教育研究中的运用[J]．教育科学研究，1992(6)：28-31．

二、课堂观察的程序

课堂观察是一个综合性的系统工程，类型多样，观察点多元。因此，确立课堂观察的基本程序对保证课堂观察的日常化和规范化、减少观察成本、提高观察效率来说非常重要。那么，教师如何按照科学、规范的流程来开展课堂观察呢？华东师范大学崔允漷教授提供了一个课堂观察的框架，对如何确定观察点、如何开发观察量表、如何现场观察等关键环节有一整套的操作规范。

（一）确立观察点

作为教师的一项专业活动，课堂观察有别于一般的观察。它要求观察者带着明确的目的，而非随意式的走马观花。课堂错综复杂且变化万端，同时课堂教学过程具有动态性、即时性、非连续性和社会性，因此观察者要观察到课堂里的每件事是不可能的；另一方面，在很大程度上，我们看到了什么，常常受我们想看到什么或准备看到什么所影响，也就是说如果我们不知道在找寻什么，即使就在你眼前的东西也不一定能看得到。因此，有效的课堂观察必须要有明确的观察目的，在进入课堂观察之前要确定好课堂观察点。那么，课堂观察点又是如何确定的呢？

首先，所确定的观察点必须是可观察的现象。可观察、可记录、可解释是观察点的特性。观察只是对行为的一种快照，观察者很难观察学生、教师头脑里的东西，只能观察如人物（行为发生的主体）、频率（行为发生的程度）、性质（行为的表现性）、持续时间（行为持续的时间长度）、反应时间（学生接收指示与做出要求的行为所间隔的时间）、强度（行为的强度和力度）、地点（行为在哪里发生）等内容。此外，我们所确定的观察点必须是一系列具体可感的师生活动与现象，如师生之间的提问与应答，阐释与分辨，辅导与练习，教师移动与教学手段的运用等。同样，所确定的观察点还必须是可记录和可解释的，而不可记录等于不可观察，不可解释等于没有观察。

其次，所确定的观察点是观察者或被观察者想观察的内容。也就是说，观察者要根据自己、上课教师以及合作体的需要确定观察点。处在不同发展阶段的教师关心的问题不同、需求不同，因而确定的课堂观察点也就不同。例如，教师可以根据自己需要加强的教学领域或某一方面素养来确定观察点，作为自己改进的参照。实际上，观察者和被观察者的需求往往不尽一致，这就需要在课前会议中通过协商来确定观察点。同时，课堂观察点的确定还要考虑合作体的需要。课堂观察合作体形成的前提之一就是有共同的合作目标，或是研究一个主题，或是形成合作体的教学风格，或是改进课堂教学的某一方面等。就学科教研组而言，在观察点的选择和确定上，要思考本学科教研组近三年的课堂教学追求是什么。确定了具体的目标之后，就需要考虑与研究主题最密切相关的观察点，在此基础上进行“设计—观察—反思—改进”，形成教研活动的跟进链条。

最后，所确定的观察点是观察者能观察的。在确定观察点时，观察者要考虑自己是否熟悉观察内容、观察工具和记录方式等。

（二）制作观察工具

与所有的科学观察一样，课堂观察也需要一定的观察工具。在进行课堂观察时，观察者不能像日常观察那样仅凭经验行事，而是需要特定的方法和技术，否则，课堂观察将效率低下，意义甚微。而在确定课堂观察点后，如何选择或设计合适的观察工具，是教师遇到的一个比较难的问题。

课堂观察工具的选择或设计不仅仅是技术问题，还需要课程理念、教学价值等的支撑，它是一个研究课堂、理解课堂的过程。因此，它不是一蹴而就的，不能一开始就追求完美；即使是在前人已开发好的观察工具中进行选择，也需要有一个解读、理解和吸收的过程。一般情况下，教师制作观察工具会经历从借鉴他人走向自主开发的过程：使用他人的量表—改进他人的量表（通过观察验证）—开发自己的量表。而在这个过程中，教师主要会遇到以下三个问题。

第一，如何选择已有的观察记录工具？首先，观察记录工具是为观察服务的，因此要考虑所确定的观察点的特性，紧扣观察点选择合适的工具。以观察提问为例，如果想观察“提问的数量”，则应该采用定量的观察记录工具；如果想观察“问题的认知层次”，那么应该采用定性和定量相结合的工具。又如，观察“情境创设的效度”显然应该采用定性的观察记录工具。其次，要看所选择的工具是否符合自身的情况。例如，在观察“学生活动创设与开展的有效性”时，若想从学生参与活动的人数和态度来判断，那么在界定不同态度的表现行为的基础上，采用定量的记录工具是合适的，但这要求观察者有比较好的视力、良好的反应能力、快速的判断能力；若想从活动的难度系数及目标的达成情况来判断，因为需要记录一些教学片段中的行为、对话、情境等细节，因此需要观察者有快速记录的能力和较好的记忆能力。

第二，为什么要开发新的观察记录工具？课堂观察在国外已有相当长的历史，人们也开发了许多成熟的观察记录工具，并且观察记录工具在逻辑上的严密性和科学性都经过了实践检验。但是，并不是所有的已开发好的观察记录工具都能拿来就用，也并不是根据已确定的观察点就能找到已经开发好的观察记录工具。一方面，由于教师的理论素养和实践经验的限制，对已有的工具往往存在着理解上的偏差、操作上的困惑、解释上的窘境等问题；另一方面，不同的学科具有不同的性质和要求，不同的课堂具有不同的情境，要求观察工具与观察点有针对性，这就削弱了已有工具的普适性。于是，自主开发观察记录工具成了一种比较现实的选择。

第三，如何开发新的观察记录工具？确定观察点后，就需要对这个点进行维度分析。例如，对于观察提问观察者可以分别从“提问的数量”“提问的认知层次”“问题的目的指向”“提问的方式”“学生回答的方式”“学生的回答类型”“教师理答的方式”等方面进行分析。一堂课往往观察不了那么多维度，一般情况下，都是从某一个维度切入进行观察。确定了具体的维度后，就要着手设计具体的工具。工具的设计要遵循两个标准：效度标准和实用性标准。效度标准是指所选择的观察指标必须能够比较全面地揭示我们所要观察的内容。这就要求观察框架在逻辑上是合理的，所选择的观察指标既要有代表性，又不能相互涵盖。实用性标准是指所选择的观察指标要简洁，便于速记、反思，具有很强的可操作性。一般来说，教师自主开发的观察记录工具，尽管可能存在缺陷或问题，但教师使用起来却得心应手，解释起来也能自圆其说，并且在开发的过程中能很好地提高教师的理论素养、设计能力等。

（三）做好观察记录

与传统的听评课不同的是，进入现场的课堂观察需要根据预先设计好的工具进行有针对性的记录，而非想记什么就记什么，想什么时候记就什么时候记，想怎么记就怎么记。在进入现场进行观察并记录时，采用什么样的记录方式是最合适的？怎样才能不影响正常的课堂教学，同时能记录下最可靠、最有用的信息？这是教师在课堂观察时不可回避的问题。

课堂观察的记录方式有很多种。观察者应该根据具体的观察内容、观察类型，选择有针对性且擅长的记录方式来进行观察记录。总的来说，课堂观察记录方式可分为定量的记录方式和定性的记录方式两种。定量的记录方式是预先对课堂中的要素进行解构、分类，然后对在特定时间段内出现的观察类目中的行为进行记录。它主要有等级量表和分类体系等记录方式。等级量表指事先根据观察目的编制合理的等级量表，在课堂观察中，观察者依据观察对象的行为表现在量表上评以相应的等级。分类体系指预先列出可能出现的行为或要观察的目标行为，在观察过程中以合适的时间间隔取样对行为进行记录。分类体系包括编码体系（如美国课堂观察研究专家弗兰德斯的互动分析分类体系）和记号体系或核查清单。在预设的单位时间内，编码体系对发生的一切行为都予以记录，而记号体系或核查清单只记录不同的行为种类。定性的记录方式是以非数字的形式呈现观察的内容：①描述体系，即在一定分类框架下对观察目标进行的除数字之外的各种形式的描述，是一种准结构的定性观察的记录方法，可以从空间、时间、环境、行动者、事件活动、行动、目标、感情等角度来描述；②叙述体系，没有预先设置的分类，对观察到的事件和行为进行详细真实的文字记录，也可进行现场的主观评价；③图式记录，即用位置、环境图的形式直接呈现相关信息；④技术记录，即使用录音带、录像带、照片等电子形式对所需研究的行为事件进行现场的永久性记录。定量的记录方式和定性的记录方式可以相互补充使用。同时，所获得的数据、信息应尽可能地反映真实的教学环境和课堂活动。

需要强调的是，无论采用哪种或哪几种记录方式，都必须保证记录系统尽可能的简洁明了，能有效地记录数据并进行后续解释。经过几次实践后，观察者就会找到适合自己的记录方式，形成一些简短的编码。如果需要记录的数据比较多，还可采用合作记录的方式，确保数据的完整与真实。

对观察者而言，进入现场观察要以不影响正常的课堂教学为前提，但同时要保证所记录信息的效度和信度。观察者应该在上课开始前进入现场，选择有利的观察位置。一般而言，要按观察任务来确定观察位置，以确保能收集到可靠的信息。例如，观察某个或某几个学生的课堂参与情况，就应选择离他们较近的位置；观察教师情境创设的有效性，就应选择便于走动的位置，可通过及时移动来了解具体情况。

（四）分析数据，做好推论

为了方便、速记，在课堂上记录的数据，很多都是只有观察者本人才能理解的。在课后，观察者要对数据进行补充、整理和统计，一方面使别人能理解所记录的数据，另一方面为下一步的推论做好准备。

如何对记录的数据进行整理和分析？对采用不同的记录方式所收集的数据的处理方式是不一样的。例如，采用定量观察收集的信息，一般要借助统计的方式对其进行整理与分析。观察者可以通过频率和百分比的计算，绘制出可以说明问题的表格；也可以利用 Excel 等电子制表软件来开发数据表，利用电脑进行数据分析，然后再根据需要由电脑绘制出不同的图表等。而采用定性观察所收集的信息，则一般需经过编码、分类、整理、解释等步骤。观察者对大量的记录信息进行简化和梳理，可通过文字说明、图表等方式呈现与观察目的相关的信息，让人们较为清楚地了解观察情境中发生的事情。如果是合作观察同一个内容，那么在统计或整理所记录的信息时应在充分交流和讨论的基础上对各自的信息进行必要的合并。在此基础上，观察者要梳理与观察主题相关联的问题或观点，建构分析框架，将统计或整理的结果按不同的问题进行归类，把具体的事实与数字集合到相应的问题或观点中去，为下一步的推论做好准备。

那么，又如何根据数据做出推论呢？推论的过程就是专业判断的过程，是观察者围绕观察点对观察到的信息进行剖析与反思，对简化了的数字、图表等的具体内涵与现象背后的原因及意义进行解释的过程。首先，推论必须是基于证据的。课堂观察强调拿证据说话，有多少证据，做多少推论，既不要拔高，也不要低估。其次，推论要紧扣事先确定的观察点。也就是说，不能只根据一个点的观察结果来简单地推论课堂的其他方面甚至是整堂课的教学。课堂观察源于课堂，但它只是课堂中的一个点，而非完整的课堂本身。因此，观察者在推论的过程中应避免出现以偏概全、过度推论等问题，更不能仅就某一点的观察，而对整堂课进行好或坏的判断。观察者要紧扣观察点，基于教学改进提出有针对性和实效性的建议与对策。再次，推论要基于情境。课堂观察是在现场进行的研究活动。观察者在推论时要充分考虑“此人、此课与此境”，不要进行过多的经验类推或假设，而要根据这堂课的教学内容、学生和教师的实际情况来展开探讨。如果将观察与情境分割，那么观察者的视角就很可能会在对学生、教师或班级的片面概括中受到限制，做出不准确的推论，从而影响课堂观察的效度。接下来，我们来看一下砖墙中心小学余月红老师针对课堂观察活动的实践与反思进一步了解课堂观察。

三、课堂观察的注意事项

课堂观察是一项比较专业的教学技能，需要看、听、记、思结合。下面是课堂观察过程中应注意的一些具体要求：

（1）明确课堂观察的目的、计划和要求，即明确课堂观察者是带着问题走进课堂的，而不是为完成任务来应付的。

（2）了解学校、教师和教材的基本情况。

（3）处理好课堂观察者与被观察者的关系。比如，观察者要尊重被观察者，其具体行为如下：

①不迟到，不睡觉，不接手机、不发信息，不交谈。高度集中注意力，做到认真听、仔细看、勤记录、多思考。

②不干扰学生学习，不干扰教师上课，最大限度地减少课堂观察者对课堂教学的影响。

（4）做到听、看、记、思的有机结合。

①听什么？

A. 教师是否体现新课程的理念、方法和要求。

B. 是否重点突出、详略得当。

C. 语言是否流畅，表达是否清楚。

D. 是否有知识性等错误。

E. 是否有创新的地方。

F. 教师的思维是否宽泛，学生的发言是否准确。

②看什么？

A. 看教师主导作用的发挥。

B. 看学生主体作用的发挥。

③记什么？

A. 教学实录。

B. 教学点评。

④思什么？（有什么问题、如何产生的、怎样改进，有什么新教学思想）

A. 教师为什么要这样处理教材，若换个角度行不行、好不好。

B. 对教师成功的地方和不足或出现错误的地方，要思考原因，并预测对学生所产生的相关性影响。

C. 进行换位思考，若自己上这节课，应该怎样上。

D. 若我是学生，我是否掌握和理解了教学内容。

E. 新课程的理念、方法、要求等到底如何体现在日常课堂教学中，并内化为教师自觉的教学行为。

F. 这节课是否反映教师正常的教学实际水平，若无观察者，教师是否也会这样上，等等。

（5）认真做好课堂观察记录。

① 听、记要主次分清。听为主，注意力集中在听和思考上。

② 记录要有重点。

③ 一段时间后，对课堂观察记录要进行整理，并进行理性的思考分析，归纳总结出一些共性的东西，取长补短。

第三节　课堂观察的校本实践

课堂观察是一项新型的听评课范式，若要在学校教研活动中发挥真正的作用，需要让教师真正理解它的理念和技术，因而要求观察者进行校本实践就显得很重要。

一、课堂观察的操作实例

课堂是错综复杂且变化多端的，所以观察者要观察到课堂里发生的每一件事、每个细微过程是不可能的，所以，提高观课的质量，关键是观察者应确立好课堂观察点。课堂观察点应建立在“学生学习”“教师教学”“课程性质”

“课堂文化”四个维度上。选择好观察点，然后设计有针对性的课堂观察量表、记录单、调查问卷等，再进入课堂进行观课。

实例 1：“学生学习”维度的观课。

观摩一节课堂教学示范录像课，依据下面提供的观察量表，观察记录学生的学习活动情况并进行评析。

（1）观察点：学生在突破教学难点中的表现和效果怎样？观察量表如 5–4 所示。

表 5–4　学生在突破教学难点中的表现和效果的观察量表

<table>
<tr><th rowspan="2">教学步骤</th><th colspan="4">学生的表现</th></tr>
<tr><th>倾听
（倾听 / 回应）</th><th>互动
（回答 / 提问）</th><th>互动
（讨论 / 汇报）</th><th>自主
（计算 / 书写）</th></tr>
<tr><td></td><td></td><td></td><td></td><td></td></tr>
<tr><td></td><td></td><td></td><td></td><td></td></tr>
<tr><td></td><td></td><td></td><td></td><td></td></tr>
<tr><td colspan="5">综合评价：</td></tr>
</table>

（2）观察点：学生对核心知识的理解和运用情况怎样？观察量表如 5–5 所示。

表 5–5　学生对核心知识的理解和运用情况的观察量表

<table>
<tr><th rowspan="3">观察指标
（以认知层次为序）</th><th colspan="6">典型行为记录</th></tr>
<tr><th colspan="2">教学环节一</th><th colspan="2">…</th><th colspan="2">教学环节 N</th></tr>
<tr><th>教师</th><th>学生</th><th>教师</th><th>学生</th><th>教师</th><th>学生</th></tr>
<tr><td>用自己的话去解释、表达所学知识</td><td></td><td></td><td></td><td></td><td></td><td></td></tr>
<tr><td>基于这一知识进行推论和预测，从而解释相关的现象、解决有关的问题</td><td></td><td></td><td></td><td></td><td></td><td></td></tr>
</table>

续 表

观察指标（以认知层次为序）	典型行为记录					
	教学环节一		…		教学环节 N	
	教师	学生	教师	学生	教师	学生
运用这一知识解决变式问题						
综合几方面的知识解决比较复杂的问题						
将所学知识迁移到实际问题中去						
综合评析：						

（3）观察点：学生提问的效果如何？观察量表如 5-6 所示。

表 5-6　学生提问的效果的观察量表

环节或素材	学生提问						反应情况	
	问题表述	提问者	提问方式	问题表达的清晰度	问题与素材关联度	问题认知层次	学生反应	教师处理
1								
2								
3								

实例 2：“教师教学”维度的观课。

以学科组为单位，观摩一节本校老教常规的新课教学，运用下面的记录单或观察量表做好听课记录，课后学科组间进行交流讨论。

（1）观察点：教师课堂教学时间分配的合理性如何？观察量表如表 5-7 所示。

表 5-7　教师课堂教学时间分配的合理性的观察量表

行为类别	时间 / 分钟	百分比
教师讲解		
学生讲解		
师生互动		
小组讨论		
学生自学		
非教学时间		
综合评析：		

（2）观察点：教师任务布置的效度如何？观察量表如表 5-8 所示。

表 5-8　教师任务布置的效度的观察量表

教学环节	任务名称	教师行为				学生行为			
		指令是否清楚	所花时间	呈现方式	本节课知识点	是否明白指令	完成任务时间	应答是否流利	知识运用如何

（3）观察点：教师是如何监控目标达成的？观察量表如表 5-9 所示。

表 5-9　教师达成目标的观察量表

教学环节	核心目标	师生问答	作业	任务 / 作品	非语言表现
综合评析：					

实例 3："课程性质"维度的观课。

以学科组为单位，推选一位教师执教一节新课，其他教师作为观课者，以下面所提供的记录表做好记录，然后学科组内进行交流讨论。

观察点：教师是如何以问题驱动进行教学的？观察量表如表 5-10 所示。

表 5-10　教师以问题驱动进行教学的观察量表

观察内容		教学环节			
		环节一	环节二	…	环节 N
教师预设了哪些问题	创设问题				
	问题的认知要求与学习目标水平的关系（解释 / 解决 / 迁移 / 综合 / 评价）				
	问题链的设置（层次性 / 结构性 / 发展性）				
教师如何引领学生思考	讲解（说明性 / 设问性）				
	辅助性讲解（板书与媒介的启发性 / 示范的启发性）				
	理答（说明性 / 引领性 / 开放性）				
	评价（解释性 / 引导性 / 思辨性）				
教师如何处理生成的问题	生成的问题				
	教师的处理				
综合评析：					

实例 4："课堂文化维度" 的观课

以学科组为单位观摩一位教师所上的教学常规课，除做好常规观课记录外，课后选择 2/3 以上的学生做一个即时问卷的小调查，观察点是了解教学中“学生是否听清师生的声音”，收回问卷后做一个“思考和启示”的分析报告在学科组内交流。调查问卷的具体内容如下：

调查问卷

同学：

你好！这份调查问卷旨在了解学生的课堂感受，将帮助老师们对课堂进行分析。请在下课时根据自己的第一感受填写。谢谢！

1. 请在下面的座位表中勾出你的位置：

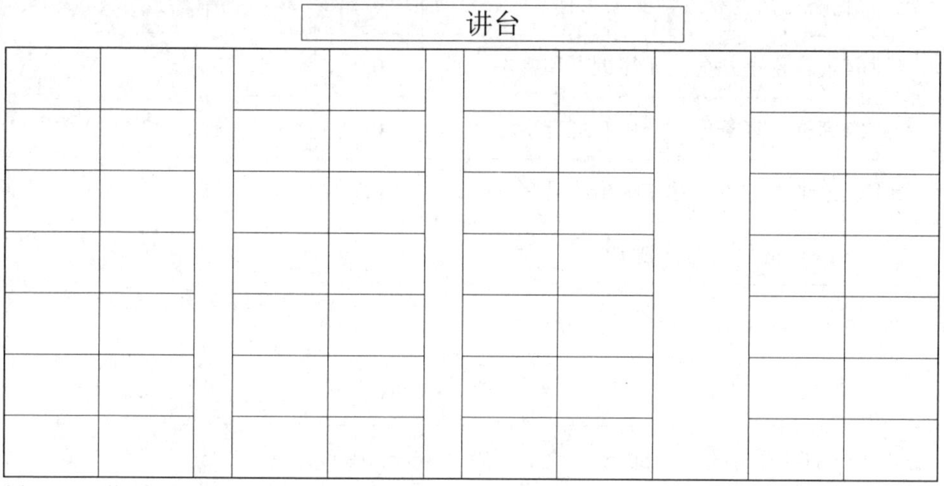

( ) 2. 这节课老师的讲解，你听清楚多少？

A. 全部　B. 大部分　C. 约一半　D. 小部分　E. 基本上没听清

( ) 3. 这节课老师的提问，你听清楚多少？

A. 全部　B. 大部分　C. 约一半　D. 小部分　E. 基本上没听清

( ) 4. 这节课其他同学的回答，你听清楚多少？

A. 全部　B. 大部分　C. 约一半　D. 小部分　E. 基本上没听清

二、课堂观察的质量测评

观课技能更多是一种个人经验的积累，呈现出来的物化依据主要是看听课记录，加上观课前的准备工作，以期观课过程中的态度、工作等，一起构成观课技能的评价指标。评价应以自评为主、他评为辅，可以参照下面的评价表（表 5-11）来评价观课质量。

表 5-11　课堂观察的质量测评表

评价内容	权重	评价标准		
		优	中	差
态度认真，准备充分，了解所观课的基本情况	0.1			
做好了相关的物质准备，包括笔、记录本、量表等	0.1			
听课过程记录仔细、观察到位，听观记思结合	0.1			
听课记录详略得当，有过程实录，有个人评点	0.2			
课堂实录各要素齐全，抓住重点和要点	0.2			
评点到位，有条理，分析有理有据	0.2			
能根据记录单分析问题，提出改进建议	0.1			
得分（百分制）				
综合评价：				

注：90～100 分为优秀，80～89 分为良好，65～79 分为中等，65 分以下为差。

第六章　诊断：聚焦乡村教师的课堂改进

第一节　教学诊断概述

20世纪80年代以来，世界范围内不少国家在教育改革过程中出现了一些明显的趋势：首先，教育管理的重心从外控走向校本；其次，教育价值取向从一元走向多元；再次，管理过程从知识应用走向学习发展；最后，管理手段从物的管理走向文化、价值与道德的管理。[①]可见，对学校教育教学质量的评价与监控，从教育教学本身及其内部来审视、剖析越来越突显其价值。

一、教学诊断的内涵

"诊断"一词源于医学界，其本意是指诊视而判断病情及其发展情况，如病情的诊断。"诊断"一词在教育中被广泛引用始于20世纪的法国。1905年，法国学者比奈（Binet）在《心理学年报》上发表论文《诊断异常儿童智力的新方法》。在论文中，比奈首次把"诊断"一词应用于教育问题。之后，美国学者布卢姆（Bloom）提出"诊断性评价"，并论述了"形成性评价"的诊断意义。苏联学者巴班斯基（Babansky）提出"教育会诊"的概念。1957年，卡尔梅科娃（Kalmykova）出版《学生智力发展诊断问题》一书，对学生接受能力诊断进行了专门研究。这些学者都把教育的"病理现象"作为教育诊断的对象，赋予了诊断更为丰富的内涵。

当前，对教育诊断的概念还没有明确的界定，且课堂教学诊断是教学中的新兴领域，所以对教学诊断的理解尚未形成定论。下面是一些研究者对教学诊断的理解：

从教学过程与结果的角度来看，美国学者克拉克（Clark）和斯塔尔（Starr）曾明确指出：教师看到学生学习中存在困难，精确地找到这个困难，并发现产生这个困难的原因，这就是诊断；诊断后的教学必须纠正错误的东

① 陈玉琨．发展性教育质量保障的理论与操作[M]．北京：商务印书馆，2006: 8-10.

西或补足缺乏的东西；没有诊断，教学就没有方向。① 查有梁等人认为，“诊断就是了解学生在学习中存在的困难并采取适当的补救措施”②。祝新宇认为，课堂教学诊断是“以课堂这一特定环境内发生的由教师和学生共同生成的‘教’与‘学’的活动为诊断客体，并对该客体的价值偏差进行分析，最终找到偏差出现的原因”③。王增祥认为，教学诊断是诊断者依据一定的标准对实际的教学过程进行比较和评判的活动。④ 肖川认为，教学诊断是“为使教学能更好地适合学习者的需要和背景情况，对教师的教学情况和对学生能否达到教学目标所必需的基础（包括知识、技能、态度、情感等）所做的评定。通过诊断，设计出一种改进教师的教和排除学生学习障碍的教学方案”⑤。

从课堂教学流程的角度来看，代天真、李如密认为，课堂教学诊断是诊断者通过看、听、问、思等手段对课堂教学的过程进行诊断，发现教师教学特色及存在的问题，并提出改进策略的教育活动。⑥ 张伟指出：“课堂诊断一般是指诊断者通过对课堂教学全过程的看（师生在教学全过程中的活动、表现、情感、态度）、听（师生在教学活动中交流发言和由此反映出的思维状况）、问（了解教师的执教意图与学生的内心感受）等手段，在理性思考的基础上，探究与发现执教老师的教学经验与特色，并发现与研究教学过程中存在的问题，及时提出相关的改进意见的一种教育科研方法。”⑦ 孙国春认为，课堂诊断是在采集课堂信息的基础上，对教师的专业偏差展开辨析，寻求教学改进和教师发展的过程。对教师在课堂中的专业偏差进行诊断，主要从教师的专业理念、专业知识、专业能力三个方面进行。课堂诊断的核心是偏差分析；课堂诊断的关键是信息采集的策略；课堂诊断的归宿是教师发展的策略。同时，他认为教师在课堂教学中的专业偏差存在于师生的交往活动中，潜伏在学生

---

① 克拉克，斯塔尔．中学教学法：下册 [M]. 赵宝恒，蔡焌年，等译．北京：人民教育出版社，1985: 289.

② 查友梁，谢仁根，沈仁何，等．物理教学论 [M]. 南宁：广西教育出版社，1996: 12.

③ 祝新宇．中学多样化课堂教学诊断模式研究 [D]. 上海：华东师范大学，2007.

④ 王增祥．教学诊断 [M]. 北京：华文出版社，1995: 17.

⑤ 肖川．课程发展名词：术语诠释（三）[J]. 教育导刊，2002(7): 25-28.

⑥ 代天真，李如密．课堂教学诊断：价值、内容及策略 [J]. 全球教育展望，2010(4): 41-43, 66.

⑦ 张伟．课堂诊断：贴近教师成长的学校科研 [J]. 基础教育，2008(11): 41-42.

的学习表现中，表现在教师教学工艺或教学行为中，因此，观察师生的对话活动、学生的学习活动以及教师的教学行为是采集教师专业偏差信息的较佳路径。[①]

虽然众多研究者对教学诊断的理解角度不一，但综上所述，对教学诊断的内涵理解也呈现出一些共性的东西：

——教学诊断的主体即诊断者应为教师，这里的教师以实施教学过程的一线教师为主，也包含教育专家、学校领导等专家型教师。

——诊断的对象应该既包含教师的教，又包括学生的学。

——诊断的内容以教学规律和学习规律为准则，观察课堂教学现象，收集教学信息，分析总结经验与不足，探究其产生的原因，及时提出相关的改进措施和解决办法。

——诊断的目的在于发现问题、分析原因并寻求解决对策。

二、教学诊断的特征

把握教学诊断的特征能更好地理解教学诊断的作用和功能。根据上述研究者对教学诊断内涵的理解，教学诊断的特征概括起来有这几个方面。

（一）教学诊断是对教与学的实践活动所进行的诊断

按照心理学家列昂捷夫（Leontief）的说法，活动是以心理反应为中介的生活单位，人的活动是以动作和动作链索的形式存在的。[②]教与学的共同活动是一种实践活动，它表现为一种外在的“动作总和”或“动作链索”。教学诊断正是以这种外部的表现为依据进行分析和判断。这种分析判断无疑会涉及心理活动，但它对内在心理活动的分析一般不会在生物学的水平上进行，即不对遗传的、生理机能方面的原因深究，而只是对后天习得的、学校教学中出现的、影响达成目标的各种行为进行诊断。这是教学诊断有别于心身医学、心理诊断与治疗的地方。

① 孙国春．基于教师专业标准的课堂诊断策略[J]．教育科学研究，2012(9)：68-71，74.

② 列昂捷夫．活动 意识 个性[M]．李沂，冀刚，徐世京，等译．上海：上海译文出版社，1980：51，69.

（二）教学诊断是一个发现问题、分析问题和指出解决问题思路的过程

教学诊断主要是针对教学中的“疾病”或问题而展开的。而疾病的存在对于有机系统来说是普遍的，几乎是不可避免的。“在完全意义上我们还找不到一个已彻底摆脱所有病症纠缠的教学系统——不论是小到一个学校的教学、一堂课的教学，还是大到一类学校的教学、一个国家的教学，任何教学系统都或多或少受着一种或多种教学病症的折磨。教学系统的这种性质可以称为‘教学系统的患病性’。也即，教学系统的疾病是不可避免的，教学系统的完全健康状态是不可达到的。”[①]教学诊断就是要根据教育系统的问题，通过搜集各种不正常现象（病态和症状）的信息，寻找这些现象产生的原因（病因）并揭示其本质（病理），这样一个过程的目的是提出防治的建议或开出补救的“处方”。所以说教学诊断是一个发现问题、分析问题并指出解决问题思路的过程。

（三）教学诊断需要运用一定的工具和技术去获取科学结论

与看医生诊断疾病一样，教学诊断需要借助一定的诊断“工具”。这些工具有的是物质性的，如调查表格与问卷、观察记录表等，有些是精神性的，如“概念工具”“教学原理”“教学规范”等。在教学诊断时，也还要运用一系列方法，如观察、调查、测量、作品分析等，也要采用特定的技术，如课堂教学中的互动分析技术，学生学习问题诊断中的任务分析技术、心理分析技术等。总之，教学诊断有一套科学的操作规范，力求准确地确定病症和病因。

（四）教学诊断是对“客观存在”的一种“主观判断”

教学诊断必须占有大量的、“客观存在”的真实信息，以便正确地“诊”出问题，所以，教学诊断是基于客观存在的事实和现象的，这是教育诊断的一个重要属性。但是，要对这些客观存在的事实进行分析和推测，准确地“断”出个结论来，却要经过诊断主体的一番复杂的、积极的思维活动。这是因为教学现象本身非常复杂，即因果之间、要素之间绝非线性的单向的相互

① 裴娣娜．现代教学论：第 2 卷 [M]．北京：人民教育出版社，2005: 364.

作用，它们之间的关系和联系错综交织，而且认识和判断这些复杂现象的人，还会带着自身的价值倾向、教学理念和专业素养进行教学诊断，得出的诊断当然也可能见仁见智，莫衷一是。这也是为什么要强调规范教学诊断操作的原因之一。

根据上述内容，笔者认为，教学诊断是针对教师和学生为达到教学目标的共同活动，运用一定的方法和技术所进行的一种问题分析与判断。这种分析判断的基础是对问题的发现，即把握客观的现象与事实及其背后的原因，而分析判断的目的在于找出防治措施，提出解决问题的建议。

三、教学诊断的价值

教学诊断的作用与价值是由教学诊断的功能决定的。如果把教学诊断的主要功能定位于发现教学中的问题、分析教学中的问题和解决教学中的问题，那么，教学诊断的作用主要体现在以下三个方面。

（一）推动学校发展

教学是学校的中心工作，学校的发展离不开教学系统的健康运行。但学校的发展始终是在矛盾运动中实现的，即发现矛盾，解决矛盾，再发现矛盾，再解决矛盾。在这种循环往复中，学校就可以不断地发展。根据美国教育管理学家劳克斯·霍斯利（Loucks Horsley）提出的观察与评估的人员开发模式的观点，人或组织的不断进步需要不断地被人观察和评估。教学诊断是在获得教学活动信息，加深对教学实践的理解，促进学校集体的学习与探索等方面具有积极作用。

从教学系统的实际情况看，教学中的矛盾和问题是相当普遍的。正如任何有机体都有可能患上疾病一样，教学这个多元而复杂的系统，在不当的运作方式和内外异常因素的浸染之下，也容易患上或这或那的“疾病”。我国著名学者石鸥教授在《教学未必都神圣》一文中提出：教学未必都神圣，是因为教学虽有传授知识、发展心智能力、培养良好品德的理想，也有妨碍心智、不利品德培养的现实……教学未必都神圣，是因为健康的教学能达到我们预期的目标，而有些教学压根儿就达不到预期目标，它们压根儿就是不健康的，它们出了问题，它们有病。

学校要发展，就不能不正视学校教学中的毛病，研究和解决这些问题，使之在矛盾运动中前进。因此，教学诊断在推动学校发展中起到当之无愧的作用。

（二）促进教师成长

教师成长的根本动因是教师专业需要同教师专业素质之间的内在矛盾，也就是说，教师在教学中渴求创造的愿望同他们进行教学创造的可能条件之间存在的矛盾会推动着他们不断前进，因此，揭示理想目标与他们现实状况之间的差异，使教师意识到自身在教学活动中的问题与毛病，是促使他们警醒、反思和提高的有效措施。我们知道，美国学者波斯纳（Posner）曾提出一个公式：教师的成长 = 经验 + 反思。教学诊断正是促进教师自我反思，使教师对教学活动具有高度敏感性，随时保持专业自觉，不断追求工作完美和素质优化的有效刺激和重要手段，特别是在以“自我诊断”为先导并伴之以互动式诊断的条件下，教育诊断促进教师专业成长的作用更为显著。

赖学军，尤冰虹指出：“在教师的教学实践中，不断地被诊断，能促进教师工作的‘专业’发展，教师的不断进步，需要不断地被人诊断。通过对教师教学工作的诊断可为教师思考和分析自己的教学活动提供大量的客观的信息；教学是一项个体的劳动，通常发生在没有其他人存在的情况下，而由他人通过诊断所提出的不同观点可提高教师对教学实践的理解；对课堂教学的诊断不仅有利于被诊断者，可促进他们提高教学管理和教学艺术，而且有利于诊断者；参与诊断的教师要阅读大量的有关方面的理论知识，这种学习的进步无疑是由于问题解决的要求所促动的；当教师被诊断时，他们倾向于采用新的教学方法，当他们发现新的教学方法具有潜在的积极效果时，他们更热衷于继续从事教学改革，创造性地开展工作。”①

总之，课堂教学诊断作为一个以教师自觉性、自主性等内部要求为特征的教学活动，其价值越来越突显，是教师专业发展实现由外在标准向内在要求转变的重要途径。通过诊断，教师可以对整个教学过程的要素及其关系进行回顾、总结、思考，并发现问题、分析问题，提高教学问题解决的速度和效率，促进教师教学能力和研究能力得到提高。

① 赖学军，尤冰虹．论诊断式教师教育 [J]. 教育理论与实践，2004(17): 33-36.

（三）提高学习质量

教学促进学生的发展是通过学生的有效学习实现的。但学生的学习不可能一帆风顺，差错和问题是他们学习活动的正常组成部分。学生往往不能轻易达到教学目标。从教与学的展开的过程看，学生在经历了一系列学习活动之后，会由“教学评价”提供学生是否达到教学目标的结果的信息。这种结果不外乎以下三种情况：一是学生能正确表现出教学目标的要求；二是学生不能表现出教学目标的要求；三是学生在教学目标的要求上有错误表现。后两种情况是需要进行教学的诊断与补救的。教学的诊断与补救一般按以下思路进行：首先，对学生未能达到教学目标的一般原因形成认识；其次，运用可行的技术诊断出学生学习上遇到的具体困难；最后，针对困难进行补救。因此，通过教学诊断来保证每一名学生学习质量的提高是必不可少的。同时，教学诊断还为此后指导学生的学习、防治学生的学习困难和行为障碍提供可靠的思想资料和实践经验。

第二节　教学诊断的内容

教学涉及的很多因素，如教学制度、课程设计、教学环境等都可能进入教学诊断的视野，但对教师而言，并不是所有和教育有关的因素都需要诊断。根据课堂教学活动的特点，学科教师的教学诊断主要关注教师的“教”和学生的“学”，所以，课堂教学诊断的内容主要是教师教学活动诊断和学生学习活动诊断。

一、教师教学活动诊断

教师教学活动诊断的一个重要方面就是把某些教学特点从没有认识或只有模糊的轮廓式认识变为清晰而深刻的规律性认识，使以后的教学活动由下意识的活动变为有意识的活动，为教师的教学能力奠定扎实基础。教师教学活动诊断重点是课堂教学目标的诊断、课堂教学内容的诊断、课堂教学方法的诊断、课堂教学互动的诊断。

（一）课堂教学目标的诊断

教学目标是课堂教学的核心要素。诊断教学目标是从教学起点开始分析教师课堂教学设计及实施的合理性和可行性。教学目标的诊断分析可从以下几个方面进行。

1. 分析教学目标的确定是否恰当

首先，根据教师教学设计里陈述的教学目标或在教学中呈现的教学目标，对照课程标准以及教材的有关内容和要求，看看是否有直接关联或吻合。如果不一致，可以询问执教者其确定教学目标的依据是什么，分析其教学目标确定的合理性和科学性。

其次，从学情的角度来分析教学目标是否符合教学实际，即思考：基于学生目前的学习状况，教学目标是否适切？是新知的学习，还是第二次学习内容？新知学习需要提供什么样的背景知识？复习旧知应该在原有基础上提什么要求？

2. 分析教学目标的陈述是否科学

这主要分析教师教学设计上陈述的教学目标是否具有可操作性、可测量性及明确性，具体包括以下几点：①教学目标的对象是否明确；②学习行为是不是可观察的、可操作的；③预期的学习结果是不是可测量的；④学习活动的条件和要求是不是明确的。

3. 分析教学目标的呈现是否合理

首先，诊断分析教师何时、用什么方式呈现教学目标。根据所记录的观察资料，分析是否存在以下教学行为：在教学之初，教师有没有向学生表明学习应达到的目标；在教学中有没有提醒学生把注意力集中在教学目标上；在讨论、回答时有没有强调相应的教学目标；在教学结束时有没有回顾教学目标等。

其次，诊断分析教师呈现教学目标的效果如何。根据学生的学习表现，推测学生在学生过程中是否明确学习目标：全部学生明确学习目标，部分学生明确学习目标，少数学生明确学习目标，没有学生明确学习目标；学生明确或不明确教学目标有哪些具体表现。

4. 分析教学目标的达成是否可行

首先，诊断分析教师所开展的教学活动是否围绕着教学目标，是否存在着游离于教学目标之外的教学活动，是否出现漫无目标的活动或讨论，是否存在着干扰学生学习的活动。

其次，诊断分析教师所开展的每一次教学活动之前有没有说明开展活动的要求和方式、程序或步骤；说明是否简明扼要、清晰易懂。

【案例呈现】（片段）

问题表现：教师对地理新课程目标认识不到位，过于强调知识的难度与深度，导致随意拔高和扩展教学内容与教学目标要求，与课标的基本要求相背离。

导致后果：增加学生学习负担，导致教学超纲、超标。

案例 2：新课标高中地理（人教版·必修 1）第三章第二节大规模的海水运动——世界海洋表层洋流的分布。

教学目标：掌握海水运动的形式，理解洋流的性质分类，能识记风海流、密度流、补偿流名称，理解风海流、密度流、补偿流是影响洋流成因的重要因素。

病因诊断：高中地理新课标规定有关洋流的具体要求是“运用地图，归纳世界洋流分布规律，说明洋流对地理环境的影响”。本条“标准”关注水圈中的海洋水。仔细分析标准可以看出，洋流的学习主要包含两个方面：世界洋流分布规律和洋流对地理环境的影响。在阅读“世界洋流分布图”的基础上，可以把世界洋流的分布模式化，以加强对世界洋流分布规律的把握，一般不需要对洋流知识加深和扩展，洋流成因不需要系统讲述，风海流、密度流、补偿流的名称都可以不出现，只要能解释世界洋流分布规律即可。同时，局部海域（如北印度洋）具有季节变化的洋流也不需要了解，但是为了分析洋流对地理环境影响的需要，应了解不同纬度大陆两岸洋流的性质（暖流或寒流）及形成洋流的主要原因。此处要求过高，背离了地理新课标要求。

改编建议：

能够了解海水运动的形式、洋流的性质分类，明确洋流的影响因素；能运用洋流模式图和世界表层洋流分布图，解释世界洋流的分布规律；学会利用海水等温线来判断寒、暖流。①

① 鄂傲君．教学目标编制“层次错位”问题诊断与典型案例分析[J]．地理教育，2011(5):55.

教师科学、恰当地确定教学目标，合理陈述和呈现教学目标，是保证课堂教学质量的前提条件。教学目标有问题，整个课堂教学就有可能出现问题。所以，教师应该重视教学目标的确定和呈现。

（二）课堂教学内容的诊断

课堂教学内容的诊断是教学诊断活动中的重点环节，需要诊断者具备非常专业的学科知识、技能和素养才能真正发现问题、分析问题，才能真正把握关键行为来进行诊断。教学内容诊断具体包括以下几个方面。

1. 分析教学内容的课堂容量

一节课 40 ～ 45 分钟，教学容量以多少为宜？特级教师陆继椿曾提出“一课一得”的观点。所谓“一得”，就是教一项教学内容，让学生扎扎实实学会。这个观点值得借鉴。但实际教学中，有些教师过于贪多求全，以为教得越多越好。从课堂教学实际看，一节课一般预设 3 ～ 5 项的内容比较合适，这样可以保证学生集中精力学好内容，能就某些内容深入探讨。如果一节课教了 10 多项的教学内容，每项内容的教学有可能会浅尝辄止，学生反而什么都没真正掌握。

2. 分析教学内容的学科价值

各学科都有自己的学科性质和特点。课堂教学内容应该体现出本学科的特点和要求。诊断教学内容就是看教师的课堂教学内容是否具有学科价值，并说明理据，即说明为什么这些教学内容具有学科教学价值，而哪些教学内容不具有学科教学价值。

3. 分析教学内容的内在逻辑

（1）教师是否启发学生把新学的教学内容和已学的教学内容联系起来。例如，教师回顾以前学过的知识或提供先行组织者等。

（2）教师是否提示各项教学内容之间的联系。例如，教师在教学开始、中间、结束时以口头或板书（图表）的形式向学生介绍教学内容的核心概念，概括这节课的教学主题和教学内容，让学生看到隐藏在教材中、教学中的各部分内容的联系，帮助学生对知识进行归类、储存。如果三个时段教师都注意提示，说明教师整个教学过程都注意给学生提供具有完整结构的教学内容。

（3）教师是否运用结构性陈述来提示教学内容的联系。

（4）教师是否提示教学内容和学生生活的联系，与其他学科的联系，与以后要学的内容的联系。例如，用板书或图示方式呈现已学内容和即将学习的内容，并把当天学的内容放在这两者之间加以说明等。

4. 分析教学内容的层次深度

（1）诊断分析各项教学内容的深度。为了便于判断，可以采用三级深度来表示：①低于或等同于学生原有水平；②略高于学生的原有水平；③远高于学生的原有水平。教师可以根据上课时学生的反应来判断。

（2）诊断分析整堂课教学内容的深度。一堂课可以有个别项目的教学内容是低于或等同于学生的原有水平的，也可能有个别项目是远高于学生的原有水平的，但是，多数项目应该是略高于学生的原有水平，这样，学生才会从教学中有所收获。

5. 分析教学内容的重点把握

（1）诊断分析整堂课有没有真正的重点教学内容。有的教师虽然在教案写有教学重点和难点，但在具体教学中却平均使用力量，不分轻重，甚至会出现重点内容轻教的现象。

（2）诊断分析重点教学内容属于哪一类内容，是属于知识，还是技能，或是情感，或是综合体，因为不同的教学内容其有效的教学规律是不一样的。

（3）诊断分析该项重点内容的教学是怎样展开的，其过程是否符合学生学习这类内容的心理规律。

【案例呈现】（片段）

1. 过程描述：

2011 年 5 月在某市 S 中学开展的“同课异构”教研活动，教学内容是人教版八年级下册《矩形》第一课时。在导入新课后，教师首先请学生回忆平行四边形的研究思路及性质，而后演示平行四边形教具，引导学生得出矩形的概念，由此教学进入了矩形性质的学习阶段。教学活动的主要环节概括如下。

第一环节：首先，教师抛出问题“类比平行四边形性质，猜想矩形有哪些性质”。然后，学生把自己的猜想写在一张纸上，之后展开交流。最后，学生验证自己的猜想。

第二环节：学生展示猜想、性质、结论。（生 1、生 2 展示猜想）

第三环节：学生验证猜想。（生3度量法、生4旋转法、生5全等法、生6勾股定理法、生7直观判断法）

虽然整节课似乎比较顺利，一切都在按部就班地进行，但是整节课的课堂气氛却很沉闷。因此，参加观课、评课的教师一片茫然。对于这种真实存在的课堂，有必要进行深入的教学问题诊断。

2. 问题诊断：

当前，为数不少的中小学教师其课堂教学动机虽好，但效果不佳，原因是什么呢？带着这种思考，课后笔者进一步分析了两节课的教学实录，并与任课教师就教科书理解、学情分析、教学环节设计、教学细节与效果等系列要素做进一步的深入分析。

笔者发现任课教师对教科书的理解有偏差，正是由于任课教师对教科书随意性和片面性的解读，导致课堂教学最终偏离目标。其深层的原因在于“穿新鞋，走老路”，具体表现为当教科书中的“探究活动”要求针对矩形的性质进行探究时，任课教师马上想到了“类比”平行四边形的性质，想到了对性质需要马上进行逻辑证明，以至混淆了合情推理与演绎推理。因此，任课教师必须思考，将教学的重心是放在知识教学上还是让学生获得理解性掌握？在“矩形的对角线相等”的探索过程中，是否需要让学生经历一次数学思维的熏陶，同时获得探索的方法、思考的直接经验和体验呢？

3. 课例思考

案例中“课堂沉闷”现象比较明显，仅仅重视知识教学成为这类课的显著特征。重视知识教学没什么不好，但问题在于，教育不仅承载着传递已有知识的功能，更需要承担起教给学生智慧，让其学会做人、学会生存、学会发展的重任，对教师来说更是如此。要解决“课堂沉闷”现象，课堂必须体现浓厚的学科韵味、深刻的学科内涵，使学生在针对“双基”获得理解性掌握的同时，还要经历一次学科思维的熏陶、观念的提升和方法的习得。让学生经历“探索的过程、思考的过程”，其根本目的在于，让每位学生都经历学科思考的过程，逐步学会“带一副数学的眼镜”思考问题，逐步建构真正的学科理解，最终形成良好的学科直观和学科能力。①

① 李中华，孔凡哲．数学课堂教学问题诊断与改进案例研究[J]. 中国教育学刊，2011(11): 66-69.

教学内容是教学活动中的核心要素，如果教学内容出了问题，这样的课就是有问题的课，是无效的课。教师只有真正落实好教学内容，才能真正落实好课堂教学的质量和效果。

（三）课堂教学方法的诊断

由于课堂教学内容的丰富性，学生个性特征的复杂性，教师特长的多样性，课堂教学的方法也是丰富多样的，且不同的教学方法有不同的应用场合和要求。所以对教学方法的诊断也应针对具体的教学方法而定。下面就几个最常用的教学方法谈谈如何来诊断教学方法。

1. 对教学导入的诊断分析

对教学导入的诊断分析，可以从以下几个方面进行：

（1）分析教师是否采用导入方法。有的教师上课可能没有导入，而是直奔新课教学内容。对于没有采用导入的教学，可以分析是在什么情境下不需要导入，其效果如何。

（2）如果教师采用导入的方法，分析教师导入的例子是否新颖、生动，是否激发学生的兴趣，是否引导学生对例子进行了分析，是否启迪了学生的思维，是否自然地把导入和新课学习对接起来。

（3）分析教师导入的类型及其效果。例如，如果教师采用复习旧知识的方法导入，分析教师是否将新教的内容与学生已学过的内容联系起来；如果教师采用生活导入，分析教师是否提示学习内容与学生生活和兴趣的相关性；如果教师采用目标导入，分析教师是否明确告诉学生有关学习目标以及他们的责任；如果教师采用概括新课要点导入，分析教师是否考虑学生的入门知识经验水平，并在此基础上提供新课的基本框架；等等。接下来看一下笔者根据对某中学语文教师执教的《卧看牵牛织女星》的课堂观察而整理出来的案例。

【案例呈现】（片段）

师：在中国，牛郎织女的故事可谓家喻户晓。同学们听说过有关牛郎织女的民间传说故事和诗词佳作吗？听说过吗？

生：听说过（齐声）。

师：在唐代啊，刘禹锡在《浪淘沙》一诗中写到，让我们来齐读一下。“九曲黄河万里沙”，1、2……

师生：九曲黄河万里沙，浪淘风簸自天涯。如今直上银河去，同到牵牛织女家。

师：我国现代诗人郭沫若也曾在他的《天上的街市》一诗中这样写道：“你看，那浅浅的天河，定然是不甚宽广。那隔着河的牛郎织女，定能够骑着牛儿来往。”千百年来，人们一直盼望着牛郎织女能够鹊桥相会，从此过上自由幸福的生活。可是从天文学的角度看，牛郎星和织女星真能如人们所愿年年相遇吗？今天，我们就带着问题来共同学习叶至善的一篇科学小品文《卧看牵牛织女星》。

上述课例中，教师要求学生回忆旧知，目的不甚明确，处理也较简单。从刘禹锡的《浪淘沙》到郭沫若的《天上的街市》，再到科学小品文《卧看牵牛织女星》，其中有什么联系呢？是某事物发展过程，还是不同的文章体裁对相同的事物的不同表达方式？教师只是简单点了一句从天文学的角度看牛郎星和织女星，但后面的教学内容却一点也没有涉及文学角度是如何看“牛郎星和织女星”，天文学角度是如何看“牛郎星和织女星”。学生没有这两者的对比，也就无法建构起新旧知识在本质上的联系。因此，简单回忆一些看似相关的知识，而不引导学生认识这些新旧知识在什么角度上相关，如何联系，则难以形成一定的认知结构，所以导入的旧知识也就不可能成为吸取新知识的基础。

2. 对课堂讲解的诊断分析

（1）诊断分析教师讲解的时间：教师用于讲解的时间占整节课时间的多少，通过讲解时间的多少来判断教师是否抓住重点内容，是否体现了教师主导、学生主体的精神等。

（2）诊断分析讲师讲解的内容：分析教师讲解的内容是否是学生最需要的，是否属于学科学习的内容，是否与课标要求、教材要求一致。

（3）诊断分析教师讲解的组织：教师讲解的目的是否明确；讲解的内容是否考虑到学生在这方面已有的知识经验；讲解的顺序是否合理及重点突出；讲解过程是否注意启发学生思考，是否根据学生反应进行调整，是否有必要的总结或拓展延伸。

（4）诊断分析教师讲解的重点：教师是否对重要概念进行解释，是否通过例子、图解或类比把概念和事实联系起来，教师解释概念所选的例子是否典型、易懂。

（5）诊断分析教师讲解的语言：教师讲解的语言有什么特点，是否简明扼要，是否存在拖沓冗余的现象，是否用语含糊、不准确；教师讲解的语音是否根据内容和场合调节音量、节奏快慢，发音是否清楚；是否用非语言手段辅助表达意思等。

3. 对教学提问的诊断分析

（1）诊断分析教师课堂提问的数量，通过提问的数量来了解教师的课堂特点。

（2）诊断分析教师提问的认知水平，分析教师提问认知水平的分布情况。例如，“复述／记忆”类的问题有多少，“分析／比较”“抽象／概括”类的问题有多少，“推理／运用”“评价／创造”类的问题有多少。如果教师一节课提了大量的低级认知水平的问题，说明教师的教学基本都是在浅层认知活动中平移，不足以促进学生认知的发展；如果教师在课堂上提了较多的创造综合性问题，则要思考教师的这些问题是不是切合学生的实际。总之，问题的认知水平应该合理分布。

（3）诊断分析教师提问的层次性，分析问题与学习有没有实质性关联，分析问题之间具有怎样的逻辑关系，每个主要问题和与之相关联的次要问题的相关性等。

（4）诊断分析教师提问表述的清晰度，即问题有没有歧义，学生能不能理解。

（5）诊断分析学生回答问题的方式，包括先点名后提问、提问后齐答、提问后自由答、提问后按座位轮答、提问后选举手者答、提问后选未举手者答、提问后讨论再汇报、提问后无答等。分析各种回答方式的次数和所占的比例。

（6）诊断分析学生回答问题的正确率。

【案例呈现】（片段）

《第一朵杏花》教学片段：

师：看到第一朵杏花开放了，小男孩是怎么做的？

生：小男孩赶快喊了起来："竺爷爷，杏花开啦！"

师：一听到小男孩的叫声，竺可桢爷爷是怎么做的？

生：竺爷爷顷刻间像年轻了几十岁，立即兴冲冲地快步走到前院。

问题诊断：

这样的提问，学生无须进行深入思考，只需根据课文内容进行信息的收集整合，甚至是照读原文，就能顺利解决问题；教师并没有对文本的核心内容进行整体把握和深入提炼，放弃了问题之质，只追求问题之量，这对于提升学生的思维能力毫无意义。

矫正建议：

俗话说：距离产生美感。文本解读同样也是这个道理。教师的问题与文本的表达意蕴如果相距太近，学生就不会积极地去思维。因此，教师的提问应该聚焦于学生的"最近发展区"，在学生原有认知和文本内蕴的交合处延伸开去，设计出能覆盖全篇、切中主旨的核心问题，以引领学生从整体入手、从细节着眼，进行文本赏析与品味。①

以上述教学片段为例，教师可以设计这样的提问：从竺爷爷听到第一朵杏花开放的消息后的行为中，你读懂了什么？请揣摩一下人物行为背后的心理活动。这样的问题不仅引导学生关注文本的信息，还将学生的思维聚焦于文本语言，实现对文本弦外之音、言外之意的感知，为学生思维张力的彰显奠定了基础。

提问既然是一种教学艺术，就不能像一般人问路那样简单，甚至粗糙，而要于无疑处生疑，于浅显处深入，于细微处见义，达到最佳的教学效果。

（四）课堂教学互动的诊断

课堂教学中的师生互动是教育过程中的重要环节，但课堂教学有师生的互动，并不意味着就一定有效果。对课堂教学互动的诊断就是分析师生互动的有效性。师生互动的有效性或师生有效互动应包括这样三个要素：师生互动过程的双向性、互动内容的教育性和互动效果的系统综合性。② 据此，教学

① 霍晓玲．课堂提问的问题诊断与矫正建议 [J]. 小学语文教学，2015(23)：14-15.

② 王建峰．师生互动理论及其现实有效性问题研究 [J]. 河南社会科学，2012, 20(6)：76-77.

互动的有效性应该具备以下几点：互动是一个双向的活动过程；互动的内容是有效的；互动是一个综合效果的达成过程。

1. 课堂教学互动是双向活动的过程

师生互动过程的双向性是指师生双方在互动的过程中均衡交互、共同作为。相较于传统的单向传输式教学模式，互动的双向性一方面强调学生的参与，鼓励学生以多元化的方式自主探讨和解决问题，另一方面强调在课堂教学中教师之“动”，即教师要对学生的参与和挑战做出反应和动态协调。

2. 课堂教学互动是有效教学的过程

互动的作用表现在：互动可以促进学生的学习、认知和社会性多方面的发展；互动过程中教师对学生的情感、期望与评价，直接影响学生的自我认识、社会行为、师生互动及其教育效果。所以，师生互动的有效性应该强调师生互动是否有利于教育目标的达成，换言之，师生互动的内容以及处理是否有利于受教育者健康有益的知识的习得、高尚积极的情感的熏陶、科学正确的价值观的建立和适应并贡献社会的能力的培养。

3. 课堂教学互动是系统综合的过程

师生互动效果的系统综合性，从内容上看，就是师生互动过程导致双方在知识习得、能力培养、情感熏陶和价值建立等多方面实现综合推进。从达成上述成效的过程剖析，教师和学生形成真正的学习共同体，通过双方在知识、技能、情感、态度、价值观方面的交流和反应，能够产生任何单方活动都无从相比的成效。从上述成效的实现机理看，它不是师生双方形成合力，也不是两方面效果的简单相加，而是师生通过互动形成一个有机教学系统。系统内各单元动态的相互依存和相互作用导致了整个系统的功能最大化。具体到课堂教学，即指师生在教室这个特定场景中通过互动达成了“意想不到的效果”，即“1+1>2”的教育效果。

当然，上述三个方面并不是孤立存在的，而是相辅相成的一个有机整体。一方面，过程双向性和内容有效性是效果系统综合性的基础和前提，没有双向性的互动过程和具备性的互动内容，便无从谈起互动的系统综合性效果。另一方面，效果系统综合性既是过程双向性和内容有效性的必然结果——它是在双向性过程中通过有效性内容实现的，又是过程双向性和内容有效性的反映。达到了系统综合性效果的互动必然包含了过程的双向性，并具备了互动内容的有效性。接下来看一下笔者整理的深圳市某中学教师执教历史课《民族工业的曲折发展》的案例。

【案例呈现】（片段）

这节课教师以荣氏企业兴衰为案例，探究我国近代民族工业的曲折发展。设置四个情境，将全班分为四组，小组合作讨论学习，选代表总结发言。

材料一：荣宗敬（1873年—1938年）、荣德生（1875年—1952年），江苏无锡人。1902年，二人与他人合股创办无锡保兴面粉厂。

问题：根据材料一和所学知识，概括荣氏兄弟创业有哪些有利因素？

师：同学们已经讨论得差不多，得出了自己的结论，下面就请各组的代表总结发言。首先，有请第一小组的代表。

生：经过讨论，我们组认为荣氏兄弟创业的有利因素有以下几点：①我国自然经济的解体；②政府实施有利于民族工业发展的政策，鼓励其发展；③荣氏兄弟资金充裕并且有救国热情；④收回利权运动（生成资源）。

师：对，这位同学回答得很正确。荣氏兄弟创业的有利因素有我国自然经济的解体，政府实施鼓励政策，以及荣氏兄弟资金充裕和其满腔的救国热情。

师：下面请第二组的代表发言。

在这个片段中，教师对学生在讨论中所生成的学习资源并没有加以利用和引导，而是让它白白流失。甲午中日战争后，列强在中国划分势力范围，强占租借地、矿山开采权、铁路修筑权，使中国人民蒙受巨大的经济损失，阻碍了民族工业的发展。20世纪初，收回路矿利权的运动兴起。这场运动打击了列强的扩张势力，促进了中国民族资本主义的发展。关于利权运动在课本中已经不再提及，学生能够想到这个是难能可贵的，证明学生的历史知识比较丰富，而且这也属于荣氏兄弟创业的一个有利条件。教师应该借此机会，向其他同学讲解，激发其他同学向该组同学学习。可是，教师没有向其他同学提及此条件，更没有对该组学生这一生成的资源有任何的评价。

课堂教学不是教师自说自话，而是一个相互交往的活动场。师生间如何交往、如何互动，决定着学生学习的效果和质量。建构主义者认为，新知识是通过相互交流、相互沟通，在原有的知识和经验的基础上构建、生成意义而获得。课堂教学互动就是教师与学生交流和沟通的最好方式，它使学生获得学习、交流、分享和思考的机会。有效的课堂教学互动可以促进学生去构建自己的知识体系，促进其知识的生成。

二、学生学习活动诊断

课堂教学的出发点和归宿应该是学生的学习。教师教学是否有效，也体在学生的学习是否有效上。教师所采用的一切教学手段，都是为了激发学生的学习热情，引导学生深入学习，促使学生获得知识、发展智力、提升情感。换言之，教师的教学促进了学生的有效学习，这样的教学才是有效教学。诊断学生的学习活动，主要就是分析学生学习过程中的表现以及学习后的效果和质量，而最能体现学生学习有效性特征的外在表现主要有以下因素：学习兴趣程度、专注程度、参与程度、交流程度、思维程度等。

（一）学习活动的兴趣度

学生课堂学习有效性的第一个指标是学习兴趣和学习动机。学习兴趣、学习动机是学习积极性中很现实、很活跃的心理成分，它在学习活动中起着十分重要的作用。中小学生的学习积极性往往以自己的学习兴趣和学习动机为转移。

在课堂教学中，观察者可以通过观察学生在学习过程中的神态、姿态等来诊断其学习兴趣和动机的状态：①当学生学习兴趣浓厚时，表现出情绪饱满，反应热烈，兴奋愉悦，机敏活泼，神情丰富。例如，或眉头舒展，露出会心的微笑；或皱眉沉思，表现出紧张的状态。②当学生学习兴趣一般时，情绪平淡，偶有反应，有时表现出兴趣和热情，有时又表现缺乏活力。③当学生对学习不感兴趣时，表现出情绪低落，反应冷淡，僵坐不动，神情呆板富。例如，愁眉苦脸、无精打采、目光茫然，表现出非常随意、懒散，甚至烦躁不安、焦虑不已的状态。

（二）学习活动的专注度

很多研究表明，学生在课堂专注学习的时间与学生学业成就存在着正相关。因为，良好的注意力能使学生集中自己的心理活动，提高学习效率。善于集中注意力的人能够较长时间地将注意力集中于需要完成的学习任务上。因此，优秀教师总会在各个环节的设计上细细揣摩，再三斟酌，以便通过某些教学行为来消除其他因素所形成的干扰，把学生的注意力尽量集中于学习内容，使学生排除干扰，投入学习情境。

在课堂教学中，观察者可以通过观察学生对教师讲解、演示或互动的反应来诊断其学习的投入程度。①当学生认真倾听教师的讲解、专注观看教师的演示时，在面部表情上，其目光凝视，保持和教师的眼神交流，跟随教师的一举一动而转移视线，显现出期待甚至急切的神情。在体态上的表现是，心领神会时，嘴唇微张，身体微微前倾；困惑不解时，或以手托腮，或搔首摇头；在理解了一个难点后，双眉舒展，面露微笑，频频点头，身体微微后仰，稍显放松，但很快又恢复原来的体态。在行动上的表现是及时做笔记。②当学生不认真倾听教师的讲解、不专注观看教师的演示时，在面部表情上，其双眉紧锁，目光是困惑的、茫然的、游移不定的，或凝视与课堂活动无关的物体，或东张西望、无所事事，或发呆、走神。在体态上的表现是，低头不语，或手肘放在课桌上，用手指撑开眼皮，或把头靠在课桌上，或重复性身体动作；若不耐烦时，往往会不自觉地摇晃身体，或双臂抱胸，或跺脚晃膝，或口有烦言。在行动上的表现是不做笔记，或用笔乱画，搞小动作，与周围同学讲无关的话，甚至打瞌睡等。

（三）学习活动的参与度

认知建构主义深入研究了个人内部知识的建构。他们认为，学习者是主动地建构着自己对于所学知识的理解，而不是通过其他外部途径来获得知识（如他人讲授或阅读材料）。也就是说，学习者不是录音机，其不会把听到或读到的东西直接放进记忆中去，而是根据已有的知识来解释新的信息，并以对自己有意义的方式来建构理解。

在课堂教学中怎样诊断学生学习的参与度呢？有的学者认为学生的参与度是指学生参与教学活动的积极性、主动性的程度，用学生发言人数、参与活动的时间等指标来衡量；也有学者用学生参与活动的人数和参与态度来评定；还有学者提出了把课堂参与分为行为参与（语言上的参与）、情感参与

（情感投入）和思维参与（思考过程）。例如，鲍银霞认为，积极行为参与是有效学习的直接体现，主要是指学生对学习的行为投入度高、学习效果好。一方面是学生能够合理地管理学习时间，用于专注学习的时间多；另一方面，在学习过程中，学生与教师、同学积极互动且效果良好。主动的认知参与是有效学习的基本要求，主要是指学生依据学习目标或教师的要求，运用感知、注意、记忆、思维和言语等认知能力，主动地进行信息加工的过程。主动的认知参与的具体表现如下：学生能够将注意力较长时间地集中于需要完成的任务上，而离开其他无关事物；能够恰当运用复述、组织、精加工、时间管理等学习策略完成学习任务；能够采取以自主学习为主的个性化的学习方式，在师生互动和积极思考中获得新知。积极的情意参与是有效学习的必要保证，主要表现为学生对新的学习具有强烈的向往和饱满的热情，在学习中取得成功而产生愉快的情感、积极的学习态度和继续学习的愿望，在遇到困难时能够坚持前行、不退缩，想方设法克服困难、解决问题。①

（四）学习活动的交流度

从社会建构主义理论来看，社会互动的过程可以帮助人们建构起个人本身并不具有的知识系统。知识首先是在一定的社会情境中通过互动而被建构出来的，然后再被个体所内化。学习者在学习环境中分享各自的观点（又称“合作加工”“合作学习”），使个体能够建构出那些他们在各自单独工作时所无法建构出的理解。换言之，知识不是通过教师传授得到的，而是学习者在一定的情境即社会文化背景下，借助其他人（包括教师和学习伙伴）的帮助，利用必要的学习资料，通过意义建构的方式而获得。所以，真正有效的学习是师生进行深度的互动，共同探究和建构意义。

在课堂教学中，通过观察在师生问答、小组活动上学生的行为表现，可以了解到学生的交流状况：①主动交流的学生。当教师提问时，踊跃举手发言；当开展小组学习活动时，能快速地完成自己的任务，并主动帮助其他同学完成任务；能主动表达自己的想法，其他同学发言时能认真倾听，客观评价他人的观点，和小组成员之间有不时地讨论，能引导和解决小组内的观点

① 鲍银霞．有效学习的前提、特征和旨趣[J]. 现代教育论丛，2006(2): 56-56, 65.

分歧。②被动交流的学生。当教师提问时，不举手，被点名才勉强回答问题；当开展小组学习活动时，被点名时才勉强表达自己的想法；其他同学发言时心不在焉，对他人的观点不置可否，不怎么和同伴讨论，小组内有观点分歧置之度外。③不愿交流的学生。当教师提问时，不举手，被点名也不愿意回答问题；当开展小组学习活动时，不愿意做属于自己的分工，点名或轮到也不肯发言，不参与小组讨论，甚至做不相关的事干扰了小组活动，使小组活动开展不畅、效率低下。

（五）学习活动的思维度

学生内在的深刻的思维活动，可以通过外在的语言行为表现出来：①提出有思考价值的问题。古人云："学起于思，思源于疑。"又说："小疑则小悟，大疑则大悟，不疑则不悟。"学生在语文学习中能够发现问题，说明其在积极地思维；发现的问题越有价值，说明思维越深刻。②表述自己观点有条理。有条理地表述自己的观点是思维条理性的表现，是有效思维的重要指标。思维有条理，首先表现为思维有明确的方向，即明白为什么思考，思考什么，在思考目标引导下坚持不懈地思考问题，以达到目的；其次表现为思路清晰，如知道问题是什么，解决问题的途径有哪些，最佳的途径是什么等；最后表现为思维的方式符合规律，如能从特殊到一般、从具体事物和表象中抽象概括出普遍的概念和规律；或从一般原理出发，推出相关事物的结论，运用抽象出来的规律来解决相关类型的问题等。③解决问题的方法独特。只有对问题进行深入的分析，才有可能发现解决问题的独特方法。

在课堂教学中，可以通过观察学生的课堂发言来诊断其在学习时的思维状态：①深刻思维的学生。敢于提问，且提出问题与众不同；善于把现在学习的新知识和以前学习的旧知识联系起来去解决所面临的问题，并且解决问题方式多样；能多角度地、有条理地表述自己的观点，且观点有新意；在学习过程中能进行反思和提炼出相应的学习方法等。②思维一般的学生。提出的问题思考价值不大；解决问题显得勉强，且方式简单；表述自己的观点较为肤浅，角度单一；不能对自己的学习过程进行反思。③思维慵懒的学生。提不出问题，面临问题懒于去解决，也不知道从何入手去解决问题；自己没有明确的观点，被要求表述时吞吞吐吐、不知所云。

【案例呈现】（片段）

师：请同学们自由读第5～12自然段，想想，最让我难忘的是哪两件事？（学生自由读、思考）

生："我"最难忘的是姥姥"剪喜鹊登枝"和"剪老牛小兔"。

师：问题来了。童年时，我与姥姥生活在一起，发生了很多事情，为什么"我"最难忘的是这两件事呢？

（学生说不出）

师：不急。请同学们再读一读课文，读着读着，有感触的地方，把它画下来多读几遍。

（学生默读课文，圈圈画画）

师：我们先来看第一件事。选择你圈画的句子，先读一读，再说说你的感受。

生："我是个出名的调皮蛋，经常变着花样刁难姥姥……"我最难忘的是姥姥被我捂住双眼还能剪纸。

师：你从中体会到什么？

生：我体会到姥姥的剪纸技艺高超。

师：当姥姥的作品出现在"我"眼前时，"我"的心情是怎样的？谁来读？

生：（很平淡地）嗬！梅枝与喜鹊形象生动，大小疏密无可挑剔。

师：一种由衷的敬佩啊！谁来读好这个语气词？

生：（略带赞叹地）嗬！

师：语气词表达"我"的心情。让我们一起读出"我"的惊喜和赞叹。

（学生齐读，但仍然没有读出教师所期待的效果）①

这个教学片段中，学生的表现有两个问题：一是不能清楚地表达出为什么"我"最难忘的是姥姥"剪喜鹊登枝"和"剪老牛小兔"这两件事；二是

① 王琴玉．小学语文课堂学习活动设计中的问题及成因分析[J].江苏教育研究，2015(6):66-65.

不能用朗读表达出“我”对姥姥高超技艺的由衷赞叹。这显然是与教者教学内容的选择和问题的设计脱离了学生的思维水平相关。

教学中，学生只是初读课文，就去品读后面的内容。由于对姥姥剪纸技艺的高超缺乏深刻的认识，因此学生读不出由衷的惊喜与赞叹。《姥姥的剪纸》一文，前文的描写为后文的主题提炼做了充分的铺垫，后文的情感激发有赖于对前文的学习认识。对教学内容变序教学要建立在对学生思维特定的充分认识基础之上，内容的选择与重组更要因文设定，顺学而导。为什么“我”最难忘的是姥姥“剪喜鹊登枝”和“剪老牛小兔”这两件事？这一问题的设计与学生的思维特点不符，六年级学生能够通过对语言文字的品读感悟到“我”难忘与姥姥相处时的具体事件、具体细节，但是要抽象地概括出为什么难忘，这一要求就高于他们的思维起点了。

通过上面的案例，对学生学习状况的诊断与分析，不但可以较为确切评价课堂教学的效果，发现学生学习的特征，了解教学内容、教学方式与学生学习之间的关系，了解教学的适切度，而且能从中反映出教师有意识或下意识所持的教学观、学生观，为改进课堂教学提供科学依据。

第三节　教学诊断的校本实践

教学诊断对教师有较高的要求。若要在学校教研活动中发挥教学诊断真正的作用，不仅需要让教师真正理解它的理念和技术，还需要让教师掌握最基本的诊、评程序和一些常用的诊断模式，并基于常规教学工作开展校本实践。

一、教学诊断的操作实例

（一）课堂教学的诊断与点评

实例 1：组织学科组教师认真观摩一堂教学录像课，结合已学习的理论知识边观摩边分析，并尝试运用下面的“四环节”评课模式写一份评课报告，学科组内交流讨论并修改完善。

“四环节”评课模式：

——概括教学模式；

——说大教学优点；

——说透教学问题（宏观：教学设计和教学组织。中观：教材处理。微观：知识点）；

——提出教学建议。

实例 2：组织学科组教师观摩一节课堂教学，做好听课记录，根据下面的“4*N*”评课模式写一份评课报告，学科组内交流讨论，提出修改和完善意见，并在学校教研活动中作评课演示汇报。

“4*N*”评课模式：

——*N* 个观察点的客观描述及分析；

——*N* 个可以说得清楚的优点；

——*N* 个可以让上课人心悦诚服接受、剖析清楚的缺点或改进建议；

——*N* 个课堂细节的放大分析。

实例 3：学科组组织教师开展同课异构教研活动，听评课者做好课堂观察记录，拟好评课的发言提纲，课后进行观课诊课实践。诊课时可以从以下问题的思考入手评价：

——教学理念是否符合学科课程标准的设计理念？

——教学目标的设置是否科学？

——教师的基本功如何？

——教法、学法的选择和运用是否有效？

——教学过程是否优化？

——教学反馈是否通畅？

——课堂教学质量是否得到了保证？

（二）教学方法的诊断训练

实例 1：讨论下面导入案例的特点，并尝试编写一个类似的导入微型教案。

案例：《春》的导入。

曾经有个盲人乞丐，胸前挂块写有“自幼双目失明”字样的牌子，沿街乞讨，可很少有人肯施舍他。一次，他遇到一个穷困的诗人，诗人称自己身无分文只能送他一句话。奇怪的是，自从诗人在那块牌子上添了一句话后，人们变得乐善好施，纷纷慷慨解囊。请同学们猜猜，诗人送他的究竟是一句什么样的话……诗人赠送的话是："春天来了，可我什么也看不见！"

同学们，这道理其实很简单：谁都认为春天是最美好的，这个人居然连万紫千红的春天都看不见，自然是最可怜最值得同情的。现在，就让"我们"来学习朱自清的《春》，具体感受春天的美好吧。

实例 2：选择一节课的教学内容，设计 5 分钟左右的导入，在学科组内对自己设计的导入进行实践训练，然后学科组教师进行评议。评议要点可参照下面的问题：

——选择的导入方法与课题内容、教学目标有没有联系？

——导入是如何促进学生学习的？

——导入的设计是否恰当？有无错误？

——导入语言、感情及艺术方面有无改进的地方？

实例 3：一位初中数学教师在讲"简易方程"的第一堂课时，用了以下导语，请对导语做恰当的语气处理，并进行实际教学言语操作。

同学们，今天"我们"先来做一个"猜数"游戏，请你们各自想好一个数，然后加上 2，再乘以 3，从积里减去 5，再减去你原来所想的数，好了，只要你把最后结果告诉我，我就能立即猜中你原来所想的数……同学们一定感到很惊奇吧？这一切的秘诀都在"简易方程"里，只要大家学好了"简易方程"，你也就会猜数了。

点拨引导：进行语气处理，可参考以下意见进行。首先，第一句话要说得轻松、风趣，对"猜数"两个字语气要重一些；其次，在讲做什么游戏的内容时，五句话五个条件，每句话都要顿一顿，而且一句比一句有力，因为多了一个条件就增加了一分猜数的困难。说到"我就能立即猜中你原来所想的数"时，语气可收一些，对"立刻"两字要加重；再次，说出学生原来所想的数时要快；最后，在学生想要教师告诉他们"猜数的秘诀"后，语调要稳重而平和，有鼓励学生学习的力量，体现出对学生学好这一章内容有充分的信心。

实例 4：观摩课堂录像，讨论执教者的讲授技能特点、启示及改进建议，写一份评价讲授技能的学习报告。评议可参照下面问题的提示：

——导入是否自然有效？

——提供实例是否恰当？

——指导分析思路是否清楚？

——语言表述是否清晰准确？

——要点概括是否恰到好处？

实例 5：请应用课堂提问的相关知识，分析说明如果你是案例中这位教师，该怎样富有引导性地回答学生。请提出几种回答的语句或方案。

在一堂初中自然课上，老师讲完了“鸟”的定义、特征和类型，向学生提问：“谁能告诉我什么是鸟呢？”他本来期望学生回答“鸟”的定义，即“有羽毛的动物”。但是一个学生站起来回答：“蝙蝠是鸟。”显然，学生回答的内容是错误的。

实例 6：自选本学科的中小学教材内容，根据教学目标要求，自行进行提问设计，并设想学生回答问题的可能性，以及对这些可能性行为的再引导。编写一份较详细的微型教学方案，在学科组内进行小型的教学实践，时间为 10 分钟左右。其他教师做好详细的观察记录，然后进行自我评议和小组讨论。观察和评议时重点注意以下问题的解决方式：

——提问后学生没有任何反应，教师如何应对沉默？

——提问后学生不明白，教师如何引导和提示？

——提问后学生答非所问，教师如何应对？

——提问后有学生捣乱，学生怎样应变？

——提问后教师对学生的回答怎样反馈和评价？

（三）学生学习活动的诊断训练

实例 1：阅读下面课例，试从学生学习活动的角度诊断分析其中问题的原因，然后提出自己的建议。

2012 年，在江苏盐城市举行的“全国小学作文教学大赛”中，南京一位青年教师执教二年级写话《海底世界》。她先播放了一段视频，然后让学生说说对海底动物的了解，可是学生的发言内容贫乏。教师又将学生分组，并让学生动手画一画，她深入指导，但是学生的发言仍然不够生动丰富，写话质量不高。

实例2：下面是一位教师的教学反思记录，记述了教师在课堂教学中如何组织开展学生学习活动的过程，请你做出评议。对于文中的学生学习状况，你有没有更好的建议？

课改刚刚开始，“我”抱着满腔热情去备课、撰写导学案、上课，然而一堂课下来，便会心灰意冷，出现了令人头疼的问题。在自主学习阶段，能够认真完成导学案内容的还不到班级人数的一半，还有一小部分只做了两三道题，更有令人痛心的是有个别学生根本不买你的账，一点不做。学生盼着讨论探究阶段。为什么呢？因为有的学生就可以浑水摸鱼，说些与课堂无关的事情放松自己的心情，而真正讨论问题的学生也被他们扰得心神不宁。因此，展示阶段出现的问题更大，讲解的同学讲解不到位，听课的学生注意力不集中。这样的课堂谈何高效？为了改变学生的学习状态，激活学生学习的兴趣，“我”引进了学习小组竞争机制，就是采取课堂加分奖励制度。这样充分调动了学生学习的热情，变被动守纪为主动学习。刚开始实施阶段，“我”觉得真的很辛苦。对于学生学习过程中的每一个细节，“我”都要尽收眼底，并穿梭于学习小组之间。看哪些学生导学案下发后还在东张西望，“我”便提醒他们应快速进入学习状态，强调这是小组评分的一项内容，及时在黑板上做出标记，然后到小组中巡回观察；看哪些学生虽没有违纪但学习效率较低，“我”就亲自指导他们自主学习的方法，及时提醒他们要把握学习节奏，并强调这也是评分的一项内容；看哪个小组讨论没有落到实处，“我”不但要强调评分，最关键是要亲自指导学生讨论问题的方法，并指导学生如何展示才会赢得高分。刚开始，学生会对组内的减分有疑义，“我”都会耐心说明他们组是谁减的分，做到让学生心服口服，公平公正。课堂上，既要对学生学习进行亲自指导，又要对每个小组甚至每名学生的学习状态了如指掌，一堂课下来，真的很累，但“我”一直坚持着。几堂课的坚持过后，学生知道了如何学习，如何讨论，如何讲解展示，对“我”一直都很公正的评分也不再质疑了，这样，“我”就轻松了许多。再有几堂课的坚持过后，学生便更进一步，学会自律，把评分制度变成了一种良好的学习习惯，并把各项评分作为衡量自己学习的标准。课堂上，“我”说的话越来越少，学生说的话越来越多，并在课堂上做到了活而有序。

二、教学诊断的质量测评

教学诊断的质量测评可以从诊断教师教学行为能力和诊断学生学习活动能力两方面进行。教师可以借助下面两个测评量表，通过自评、他评、综合评等方式来开展质量评估。

（一）诊断教师教学行为能力的测评量表

教师通过自评、他评、综合评等方式来开展教学诊断质量评估时，可依据下面的评价表（表 6–1）进行评测。

表 6–1　诊断教师教学行为能力的测评量表

项目	内容	评价标准	权重
诊断教师教学行为的能力（100 分）	教学目标解析	能判断和确定所观看课的主要教学目标并具体界定和描述该目标	0.1
	教学活动分析	能指出课堂主要活动的类型、基本流程和时间安排	0.1
		能够分析上述活动与实现教学目标的关系，以及其对达成教学目标的作用	0.1
	教学结果分析	能用观察所得材料及数据对学生知识掌握、操作能力和思维能力训练、教书育人等情况进行分析	0.2
		能够对教学目标实现程度做出明确判断	0.1
	表达呈现方式	能用适当方式直观、贴切地表达自己的评课思路与分析结果	0.1
		表达逻辑清楚、合理，易于理解	0.1
诊断教师教学行为的能力（100 分）	建议与设想	能从被评课者的角度提出易于理解、便于操作、恰当、得体的改进建议，有助于教学反思，能够有效避免对立情绪	0.2
总分			

续 表

项目	内容	评价标准	权重
综合评价及建议：			

注：90 ~ 100 分为优秀，80 ~ 89 分为良好，65 ~ 79 分为中等，65 分以下为差。

（二）诊断学生学习活动的能力测评量表

诊断学生学习活动能力的测评量表如表 6–2 所示。

表 6–2　诊断学生学习活动能力的测评量表

项目	内容	评价标准	权重
诊断学生学习活动的能力(100 分)	学生学习兴趣度	能判断和确定学生学习的兴趣情况并能分析原因	0.2
	学生学习专注度	能指出学生学习注意力特点	0.1
		能掌握学生专注学习的时间长短及诊断其合理性	0.1
	学生学习参与度	能够把握学生课堂中的学习参与基本情况及特点	0.1
		能够对学生参与课堂活动的效果做出分析	0.1
	学生学习交流度	能够把握学生课堂活动中师生、生生的交流特点	0.1
		能够分析学生交流活动的深度、广度及有效性	0.1
	学生学习思维度	能够分析学生学习思维训练的有效性及发展程度	0.2
总分			
综合评价及建议：			

注：90 ~ 100 分为优秀，80 ~ 89 分为良好，65 ~ 79 分为中等，65 分以下为差。

第七章　建构：强化乡村教师的反思行动

第一节 学会反思：问题驱动学习

据卡尔德希德（Calderhead）和盖茨（Gates）考察，建立在反思型实践概念基础上的教师教育计划经常追求以下的一个或几个目标：①使教师能够分析、讨论、评估和改变他们自己的实践，对教学持分析的态度；②促进教师重视其工作的社会与政治环境，帮助他们认识到教学是社会与政治情境性事业，教师的任务涉及对这些环境的重视与分析；③使教师能够评价课堂实践中内含的道德与伦理问题，包括对他们自己关于出色教学的信念的批判性考察；④鼓励教师对其自己的专业成长承担起更大的责任，鼓励其获得一定程度的专业自主权；⑤促进教师发展他们自己关于教育实践的理论，理解并发展他们自己课堂教学工作的原理性基础；⑥授权教师，以便他们能够更好地影响教育的未来方向和在教育决策中发挥更积极主动的作用。[①] 也就是说，反思型教师教育聚焦在教师如何成功的思维上。同样，虽然教学技能也被看作教师教育的重要组成部分，但被置于能够使教师决定何时使用不同的技能的理论架构之中，也就是说，教学技能与反思型判断的培育同时进行。此外，教学能力除了课堂行为之外，还包括探究技能。该架构中的评价以探究过程而不是标准的行为样式为中心，强调描述与反馈而不是终结性评判。[②] 因此，反思在教师教育课程的实践中显得越来越重要。

一、教学反思的含义

在西方，洛克（Locke）、斯宾诺莎（Spinoza）、黑格尔（Hegel）等哲学家都对反思有过研究，他们一般把反思理解为内省，理解为一种元认知的

① CALDERHEAD J, GATES P. Conceptualizing reflection in teacher development[M].London: the Falmer Press, 1993: 2.

② HOUSTON W R, HABERMAN M, SIKULA J. Handbook of research on teacher education[Z]. New York: Macmillan Publishing Company, 1990: 8.

过程。而对反思问题开始进行系统研究的则是杜威。早在 1933 年，他就阐述了反省思维的问题。他认为，反省思维是“对于任何信念或假设形式的知识，按照其所依据的基础和进一步导出的结论，去进行主动的、持续的和周密的思考”①，并进一步阐明了思想只有在逻辑上是有序的并且包含对决策后果的考虑才能称得上是反思性的。

他认为，反思是问题解决的一种特殊形式，是一个能动的、审慎的认知加工过程，并且在整个反省思维的过程中，居于持续的和主导地位的因素是解决疑惑的需要。②一般说来，反省思维解决的是现实问题，它允许在问题获得解决之前存在怀疑和困惑。反省思维并不是一种能够被简单地包扎起来供教师运用的一套技术，而是一种比逻辑理性的问题解决更为复杂的过程，其涉及直觉、情绪和激情，且理性和情绪交织在其中。

他强调指出反省思维是最好的思维，“任何人也不能够准确地向别人说明应当怎样去思维，这正如他不能准确地说出自己应当怎样呼吸以及自己的血液循环的情景一样。可是，人们思维的各种不同的方式却能够加以说明，能够描述思维的一般特征……那些懂得什么是较好的思维方式，并且知道为什么这些思维方式比较好的人，只要他愿意的话，他就可以改变他个人的思维方式，从而使思维变得更有成效”③。

对于教师来说，反思是指教师以自己的教学过程为思考对象，对自己的教学行为、教学结果进行审视和分析，从而改进自己的教学实践并使教学实践更具合理性的过程。这种对教学经验或教学实践的反思不是简单的思考，而是一种思考教育问题的方式，要求教师具有做出理性选择，并对这些选择承担责任的能力。它往往不是一个人独处时的静坐冥想，而是一种需要理智的思考和批判性的态度和方法。杜威指出：“反省思维的功能是把经验含糊的、可疑的、矛盾的、某种失调的情境转变为清楚的、有条理的、安定的以及和谐的情境。”④

据此，我们可以得出反省思维所具有的显著特征：第一，思维必须是具

① 杜威．我们怎样思维·经验与教育［M］．姜文闵，译．北京：人民教育出版社，1991：6.
② 杜威．我们怎样思维·经验与教育［M］．姜文闵，译．北京：人民教育出版社，1991：11.
③ 杜威．我们怎样思维·经验与教育［M］．姜文闵，译．北京：人民教育出版社，1991：1.
④ 杜威．我们怎样思维·经验与教育［M］．姜文闵，译．北京：人民教育出版社，1991：83.

有批判性的，必须包括对自己思维的思考；第二，这种反省思维必须满足高标准，必须是非常好的反思性推理；第三，这种思维本质上是真实的，只有在解决真实问题而不是假想的问题时，反思思维的本质才会开始起作用；第四，反省思维需要有理智，没有确保不会出错的推理规则，也就是说，不管规则多么的安全，也不能够保证你的推理一定会成功。有一些指导方针，有时甚至有一些“规则”，都是需要仔细思考的，不能死记硬背。在运用它们时需要对背景、目标、实际限制——整个现实有敏感性。为了使思想成为反省思维，就必须理智地思考。①

二、反思型教师教育的重要性

我国正在推进新一轮的基础教育课程改革和全面推进素质教育、教学改革呼唤反思型教师，因此培养反思型教师成了目前教师教育工作的重要任务。

（一）反思型教师教育是教师专业发展的重要保障

20 世纪 90 年代以来，国外关于教师素质的研究，已从原来注重对教师教学理论的构建和教学技能的训练转向注重对教师已有知识结构、思维模式以及教学能力的习得研究。通过研究发现：教师的专业发展可以通过教师建立自己的教学理论，总结他们教学的知识、技巧和经验来实现，并认为反思性教学实践是提高教师专业发展的最有效的途径。教师不仅可以通过直接学习获得一般性的专业知识，而且要在自己的专业实践活动过程中不断地获得实践知识。教师个人实践知识的获得要求反思型教师在教学实践中反思实践的内容和结果，分析其背后隐含的背景知识，提出解决问题的假设，并在实践中检验假设，周而复始，循环往复。这一反思过程能帮助教师形成“个人实践理论”，使教师在实践总结的基础上，将专家的理论与自身的实践融会一体，从而使教师拥有一套能适应教学变化的富有个性特色的知识体系和教学实践的能力。这个知识体系的建构过程就是教师专业发展的过程，可归纳为已有的知识和经验—实践 + 反思—教师专业的发展。②

① 诺希克．学会批判性思维：跨学科批判思维教学指南[M]．柳铭心，译．北京：中国轻工业出版社，2005：49.

② 王春光，郭根福．反思性教学实践与教师素质的提高[J]．中小学教师培训，2003(4)：7-11.

（二）反思型教师教育是教师教育一体化的有效途径

教师教育应该是涵盖职前、入职和职后教育在内的一体化教育。单靠职前的一次性、单一型的师范教育是不够的，教师教育应该贯穿于职前培养到职后培训的全过程。反思型教师教育认为，教师的成长和发展关键在于实践性知识的不断丰富。教师的专业性是靠实践性知识，即运用综合的经验、智慧所展开的问题意识与问题解决的成熟度来保障的。教师在以“参与”“反思”为主要特征的行动研究中不断获得对实践的反思能力，进而使自己获得专业发展。较早把参与课程开发作为促进教师集体和个人专业自主，进而提高教师专业化程度的课程理论研究者是斯腾豪斯（Stenhouse）。他把“教师即研究者”作为教师专业化的基本策略。在此基础上，埃利奥特（Elliot）进一步提出了教师即“行动研究者”，强调了教师要从自己的教学实践中发现问题、提出假设、解决问题、进行评价。只有通过这样的过程，教师才能获得专业自主和专业发展，且这一过程贯穿教师教育的始终。

由此可见，教师教育一体化与反思性实践有着密不可分的联系。一方面，反思型教师教育强调重视教师的职后培训、强调教师的课堂教学实践能力，赋予教师更多专业自主权，这实际上对教师素质提出了更高的要求；另一方面，教师在关注课堂教学实践过程中，在参与学校的教育教学改革和发展的过程中，必然会提高教师反思能力，促进教师的专业发展。这也充分地证明了教师教育是一个连续的、发展的过程，贯穿于教师的整个职业生涯，也就是说在教学中反思和在反思中教学贯穿反思型教师的整个职业生涯。

（三）反思型教师教育是我国教师教育改革的新路径

反思型教师教育模式超越了传统的教师教育模式，也丰富了教师教育模式。在教师教育的各种范式中，反思型教师教育范式（或探究取向、实践—反思取向）之所以受到人们的关注，就是因为反思型教师观适应了时代发展的需要，适应了后现代社会人们急于对现代社会种种问题反思的需要。后现代主义是对现代性进行批判与反思的一种思维方式和理论，它反对任何假定的“前提”“基础”“中心”“视角”，是一种“无限”的思维方式。反思型教师观转向一切与课堂实践最为直接的现实关系上。教师有能力对他的教学行为及其背景进行思考，能够使用来自各种不同渠道的信息连接理论与实践，从多重角度分析问题，运用新的证据重估决定，并为实现预期的目标改变其教学行为与环境。与反思型教师观相适应的教师教育模式就是反思型教师教育。按照这种模式，教师的培养应该注重观察、分析、解释和决策等反思能力。在这种架构中，教学理论并不是要为课堂应用提供规则和指令，而是旨在提供能够在思考教学问题与实践中有用的探究性知识与方法。但反思型教师教育并不排斥教学技能的习得，只是被置于能够使教师决定何时使用不同的技能的理论架构之中。反思型教师教育理论吸收了许多范式理论的长处并在此基础有了较大的发展，对它的研究和探讨，有助于解决在教师教育中存在的教育理论与教育实践脱节的老大难问题，有利于教师专业化的发展和教师素质的自主提高。

在新课改的形势下，教师素质的高低是关系到当前基础教育课程改革能否顺利实现的关键因素之一。提高教师的反思意识和反思能力，实现教师由“经验型”向“反思型”的转变，无疑是提升教师专业水平和素质的有效手段和方法，而明确反思型教师的特征，找到提高教师反思能力的方法和途径是问题解决的关键。

三、乡村教师教学反思能力的培养途径

（一）反思日记：情景还原及思考

反思日记是对教育、教学工作的总结与分析，它既包括自己的工作总结与体会，也包括对教学工作甚至自身教育理念中出现的问题进行深入的分析，并积极寻求解决的对策。反思日记没有固定的写作形式与要求，可以有个人的风格和特色。当然，反思者写反思日记必须做到“有感而发，有感而记”。

1. 反思日记的核心：基于问题

所谓“问题”，不单指解决客观存在的现成难题，还指个体发现和形成可以引发自己思考、探究的主题，且这种主题含有矛盾冲突，具有深入思考与研究的价值。可见，反思源于自我意识的觉醒，而自我意识的觉醒源于实践问题的困惑和迷茫。反思作为自我认识和实践，只有以自我实践中所暴露的问题为基础和前提，才是有力量的和有效果的。这也就是说，反思产生于“问题”，产生于教育中的“悖论”和“无知境界”。

（1）发现问题。从复杂、繁乱、多样的教育教学事件中发现值得深入思考与探讨的问题是撰写反思日记的关键。反思的内容必须是教育教学情境中真实存在的含有矛盾冲突的疑难问题，因为问题是反思的起点和基础。作为反思者，如何去发现问题呢？

第一，从教育理论与实践的差距中寻找问题。教师在学习先进的教育理论、名师的实践经验，甚至通过各种途径获取一些信息时，都可以进行换位思考，把教育理论、教学经验等与自身实际相对照，见贤思齐，思考自身在教育观念、教育行为等哪些方面与先进理念和经验相符合，哪些方面还有差距，进而提出努力的方向和目标。

第二，从日常教育教学困惑中提炼问题。作为教育教学的实践者，教师每天可能都会被很多教育教学现象所困扰。在面临困扰时，教师习以为常，而专家型教师往往会将这些困扰作为自己的反思问题。譬如，教师可能都会面临很多习以为常的困惑：幼儿为什么喜欢不停地告状？为什么有些学生喜欢搞小动作、注意力总是不集中？为什么有学生对教师的问题一言不发？为什么有学生故意和老师作对？……这些常见的教育教学现象也非常值得去探究背后的根源，关键在于教师能否养成反思的习惯，凡事不要以为存在就是合理的，见怪不怪，而是多追问几个为什么，定能发现许多值得研究的问题。

第三，从"约定俗成"的教育习惯中发现问题。习惯是指"在长时期里逐渐养成的、一时不容易改变的行为、倾向或社会风气"①。为人师者，在教育、教学的过程中所形成的一些不良习惯，在没有人有意识地去思辨是非对错的情况下，它们已经潜移默化为无意识的"潜规则"，左右着教育从业者的思维和行动。好的习惯会形成动力定型，对于教师教学起促进作用；而不好的习惯则对教学、对学生的发展有着潜在的危害。例如，活动考勤、课堂点名、罚抄作业、作业布置等。这些日复一日的教育行为，是不是发挥了最大的教育功效？有没有值得改进的地方？当你对自己这些习惯性行为提出质疑的时候，值得研究的问题也就逐渐产生。

（2）分析问题。发现"问题"是反思日记的起点，对"问题"的思考与分析是反思日记的核心。问题找到了，但其不会自然而然地被解决，它需要教

① 马行提，柴纯清．细节的疼痛：教育习惯反思[J]．中国教师，2004(10)：48-49.

师在充分分析其产生原因的基础上，选择、制定、实施解决策略从而解决问题。在这个过程中，教师要有对“问题”进行深加工的思维技巧，即形成教师个体的反省式思维。

一方面，教师在面对问题时要有意识地放慢自己的思考过程。著名的管理学大师彼得·圣吉（Peter Senge）有过类似过程的具体描述：“问自己对周遭的事物基本上抱持什么样的看法或信念（企业如何经营，或对于一般或特定人的看法）。首先质问自己：某项概括性的看法所依据的‘原始资料’是什么？然后问自己：我是否愿意再想想看，这个看法是否不够精确或有误导作用？诚实地回答这项问题很重要，如果答案是不愿意，再继续下去是没有多大意义的。”“如果你愿意质疑自己的某项概括性的看法，就应明确地把它和产生它的原始资料公开。可能的话，直接检验概括性的看法。这往往需要回头探询一个又一个行动背后的理由。”①

另一方面，教师要学会运用类比和转化等方式来分析问题。类比和转化是反省式思维的基本技巧，体现了一种“明知故问”的态度。“明知故问”就在于质疑事物存在合理性的假设本身，就在于教师运用思维有意识地对事物保持一种“陌生感”。教师可以采用相似或相反、对比、分析、比较、情景再现等手段建立起“反思故事”，以帮助教师准确分析自己的教育教学问题。那些能很好组织起反思故事的教师不仅能够指出引发其反思问题的背景和事件，还能描述他们有意识地用来建构观念和问题的策略。教师所采用的有意识的思维加工策略能够帮助教师集中注意力，关注问题产生的情境，这是问题发现的关键，也是创造性个体所具有的特征。

2. 反思日记的内容：基于事实

反思日记主要是两大部分：教育反思和教学反思。不管是教育反思还是教学反思，一个基本的原则是基于事实的反思，即在事实的基础上去反思问题、提出改进策略。

（1）教育反思。教育反思的关键是教师能否深入挖掘教育现象背后的教育理念或信念。教师对自身教育理念或信念深入挖掘与反思，是积累与提升实践性知识的关键。教师的理念或信念是积淀于教师个人心智中的价值观念，它是应用

① 圣吉．第五项修炼：学习型组织的艺术与实务[M]．郭进隆，译．2版．上海：上海三联书店，1998: 223-224.

型的，通过教师的行动得以实现和表现。教师的不经意行为往往最能体现其教育信念，教育信念通常作为一种无意识的经验假设支配着教师的行为。同时，由于教师信念的形成通常受教师个人生活史（特别是学习经历、关键人物、事件和时期）的影响比较大，受外在教育理论的影响比较小。所以，教育信念更为复杂、抽象与内隐，其不会自动地呈现。教师需要通过写反思日记，对教学行为和情境进行深入的思考与研究，要“透过现象看本质”，即透过外在的教学行为看内在的教育信念，进而调整或重塑教师的教育信念，以更好地指导教学行为。

【案例呈现】

在幼儿准备午睡的时候，我边帮孩子们脱衣服，边和班上陈老师说起家里的烦心事。几个小捣蛋就乘机说话了。我很生气地说：“睡觉不许说话！”这时，突然听到周凡怡大声地说：“老师也在说话啊！”我和陈老师听后都一时语塞了。午睡过后，我主动向小朋友承认我的过错，并和孩子们约好午睡的时候不大声说话，不影响孩子的睡觉。他们都很高兴地答应了。这件事后，我深深体会到身教重于言教的道理。教师的一言一行，都对孩子起着潜移默化的作用，在幼儿的心目中都会留下深刻的印记。教师应当做幼儿的榜样，要求幼儿做到的，首先自己要做到并做好。①

该案例中教师对于“身教重于言教”这个道理在理论上肯定是早就明白的，但对其有真正深刻的体会是通过这次偶发性地反思获得的。教师之前通过理论学习知道“身教重于言教”，对这一道理的认识还停留在感性层面。对于教师来说，也是一种教条式的理论。之后，通过实践中的教学事件，教师加深了对于该道理的认识，并将其升华为一种教育信念。通过这次反思，我想该教师在以后的教育教学中能够有意识地要求自己时刻为幼儿树立良好的榜样。

（2）教学反思。教学反思日记是课堂教学之后教师反思自己教学行为、教学过程和教学效果等内容的教后记，是教师对课堂教学的一个反思性回顾。教学反思日记是教师从新手走向专家的一条有效途径。教师可以通过教学反思，学会理性思考，分析教学得失，改进自己的教学行为，积累教学经验，

① 滑红霞．对幼儿教师教学反思的“反思”：以太原市35位幼儿教师为例[J]．早期教育（教科研版），2012(9)：28-32.

不断提高自己的教学能力。特别是新手教师，养成写教学反思日记的习惯对自己的专业成长有着非常重要的帮助，它可以帮助新教师尽快进入教师角色，减少初为人师时可能遇到的教育教学难题和困境。

乡村教师在进行教育教学实践时应反思一些什么内容呢？首先，对自己的教育教学行为及观念的反思。教师对教育教学的理解都是建立在一定的教育教学观念或理念之上的，教学行为的背后都潜藏着个人的教育理解和教育观念。学会对个人教学行为和理念进行反思，可以清醒地认识到自己的教育教学行为是否合理、恰当以及思考如何去修正和调整。其次，学会重点反思自己的教学过程。教师的重点工作是课堂教学。课堂教学技能的提高是教师教学实践的主要目的，课堂教学技能的内化是需要教师在反思、实践、再反思的过程中才能形成的。因此，教师在教学时就要反思，反思教学设计是否合理，教学内容是否适宜，教学方法是否得当，教学调控是否有效，教学效果是否达成，等等。教师对教学各环节的反思是为了改进教学，积累教学经验，提升自己的教学技能。最后，反思学生的学习活动。课堂教学的目标是否达成，检测的重要标准之一就是看学生“学得怎样”。教师经常反思学生“学得怎样”，可以不断优化自身的教学设计和课堂教学行为，从而提高学生的学习能力和学习效果。

（二）教育叙事：故事中的“省”与“悟”

教育叙事是指教师以自己的教育教学实践为内容来源，客观叙述自己教学生活和教学事件中有教育意义和价值的“故事”，通过“教育故事”来反思自己的教育教学实践活动的一种研究方法。教育叙事也是教师实践工作中重要的反思渠道，它能帮助教师理解教师职业特点，明确教师的教学行为和目的，指引教师如何去做一个优秀的教育工作者、如何去胜任自己的岗位。教育叙事指向具体的教育现场和教育问题，强调分析问题、解决问题的能力培养，这对教师解决现实问题、积累教学经验、跨越理论与实践的鸿沟有着不可估量的影响。

1. 教育叙事的含义

叙事，简单地说就是叙述事情，叙述人们生活中正在发生或已经发生的各种事情。叙事原是文学中的一个概念，是文学创作中的一个常用手法。随着西方叙事学理论对中国社会科学的影响，人们把叙事引入教育领域，把叙事作为教育教学研究的一种方法来使用。这很快地引起了广大教育工作者的重视，使教育叙事也成了当前教育研究领域中的一个热门话题。

教育叙事包含有两层含义：第一，作为一种写作方式，教育叙事就是指对事情的描述、记载，它注重对事件情节的描述、人物内心的刻画以及生动形象的语言的运用。这种方式与严密的逻辑论证有明显的区别。第二，作为一种教育研究的方式，教育叙事就是指通过记叙事情或讲述故事来探索教育教学规律，表达作者对某些教育问题的看法，也就是以记叙的方式开展的教育研究。

简单地说，教育叙事如同讲故事一样讲述在教育生活中发生的各种事件，描述种种教育现象，并通过描述事件来反映真实的教育现状。然而，教育叙事又不仅仅是讲述故事。教育叙事中所记录的事件是有一定研究价值的事件，所记叙的事件背后隐含着一定的教育意义。叙事者通过叙事来说明某个道理，或表达某种教育信念，或揭示某些问题，所以说，教育叙事不是为了叙事而叙事，而是为了研究而叙事，即叙事是手段，研究才是目的。

由此，我们可以对教育叙事下这样一个定义：教育叙事是对有意义的教育教学事件的叙述，并通过对事件的描述与分析，揭示出隐含在这些事件与行为背后的教育思想与观念，探索教育教学规律。这里所说的教育事件具有广泛的内容，凡是在社会生活中发生的具有一定教育内容和教育意义的事都可以被称为教育事件，它包括在课堂里、校园内、家庭中和社会上发生的教育事件，也包括学科教学、班级管理、课外活动、校内外生活等方面的事件。

作为一种研究方法，教育叙事有两种不同的表现形式：第一，叙事者一开始并没有带着明确的研究问题，而是在教育事件发生以后，发现了事件的意义和价值所在，并通过回忆、访谈等手段来收集有关资料，了解事件发生的过程以及各种细节，最后写出叙事报告；第二，叙事者一开始就带有明确的研究问题，并根据问题制订了具体的研究计划，在实践中按计划实施一定的研究行为，仔细观察在实践过程中出现的各种情况，收集种种资料，并经过对资料的整理和分析，写出叙事研究报告。王枬把这一过程概括为："确定研究问题，选择研究对象，进入研究现场，进行观察访谈，整理分析资料，撰写研究报告。”[①]这就是后一种叙事研究的形式。相较于第一种叙事形式，这种研究形式对叙事者有比较高的要求，要求叙事者具有一定的科研基础，掌握一定的教育研究的方法和研究程序。而现在我们中小学教师所开展的教育叙事大多属于第一种形式。

2. 教育叙事的特点

教师的反思离不开教育实践。正是在教育实践中对教育世界的不断追问，对所怀抱理想的不断思考，对所从事教育意义的不断追寻，才有了教师的成长。传统教育理论将许多教育问题从教育实践中抽象化，使教育理论与教育实践相脱离。教师专业发展实际上就是把这些对教育问题的学术研究回置到鲜活的现实中，使教育研究融入实践，这就离不开叙事研究。

事实上，教师每天都与叙事交织在一起，教师就是从叙事中学习的，甚至可以说，教师了解世界和了解自我最重要的途径之一就是通过叙事。叙事把教师日常的教育教学经验组织成有价值结构的事件，串缀成有现实意义的链条，从而将看似平凡普通、单调重复的活动赋予独特的体验和韵味。教师叙事研究就是对这些有价值的教育事件和有意义的教学活动的描述与揭示。教师的叙事研究关注教师的生活故事本身，强调教师的个人体验，重视教师的意义感受，具有以下特点。

（1）教育叙事是一种质的研究。“质的研究”是以研究者本人作为研究工具，在自然情境下采用多种方法收集资料，对社会现象进行整体性探究，使用归纳法分析资料和形成理论，通过与研究对象互动对其行为和意义建构获得解释性理解的一种活动。叙事研究则是“质的研究”运用的一种表现形式。对于教师的叙事研究来说，“教育”是土壤，“质的研究”是方法论。没有教育的滋养，就没有教育事件产生的根由，所叙之事就无从叙起；没有对教育事件质的揭示，叙事本身就失去了意义，也就没有叙事研究的可能。叙事是为了研究，研究是为了剖析事件的质，解释现象背后的真实。因而，叙事正是在质的研究中展开、分析、描述并完成的。

（2）教育叙事直面教师的生活故事。叙事讲述的是人、社会、生活等方面的故事。教育叙事所叙之事就是教师的故事，是教师在日常生活、课堂教

① 王枬．关于教师的叙事研究[J].全球教育展望，2003(4)：11-15.

学、研究实践等活动中曾经发生或正在发生的事件，它是真实的、情境性的，其中可能包含着丰富的内心体验，可能蕴藏着细腻的情感变化，可能反映出潜在的缄默知识，可能预示着远大的理想追求……正因为如此，对于叙事研究来说，它才尤为珍贵，才具有不仅是第一手研究资料的价值，还具有心灵轨迹实录的意义。

教师的生活故事是丰富的，也是平凡的。由于是教师所经历之事，它会在教师脑海中留下深刻的记忆，唤起感人的影像，并在叙事中让读者感受到教师灵魂深处的战栗，诱发读者内心的情感涟漪。从微观上说，这些生活故事对于教师个人具有里程碑式的历史意义，它是不可重复的，具有唯一性；从宏观上说，这些生活故事对于教育事业具有道德示范的摄人心魄的力量，它胜过任何说教，具有强大的感染力。

（3）教育叙事是叙说者的描述和分析。叙说者就是讲故事的人。所叙说的故事可以是被叙事者的经历，也可以是叙事者本人的经历。叙说者所叙说的是真实发生的故事，叙说者通过叙事而使这一事件得以呈现。教师的叙事研究同样如此，它是由叙说者描述的。叙说者其实就是研究者，他可以是教师本人，也可以是研究教师的人；研究者叙说的是教师的故事，所叙之事通过研究者的解读具有特殊的意义。在故事的叙事中，叙说者有时“在场”，有时“隐身”。在场的叙事更多地再现为叙说者（研究者）夹叙夹议，即叙说者不仅对故事的过程进行描述，还就其中包含的价值观、情感、心境以及涉及的伦理等进行分析和判断，展示出叙说者的立场和理论视角；隐身的叙事则是叙说者把听到的、看到的故事视作“社会真相”，力求客观地再现故事本身，尽可能不夹杂叙说者本人的判断，以使读者能凭借自己的“前见”对故事做出个人独特的判断。

3. 教育叙事叙述的内容

（1）教师的教育思想。教师的教育思想不是停留在空中楼阁的，也不是抽象存在的，而是具体体现在教师的教育教学行为当中。教师对教育的思想、认识、看法、见解渗透于日常的教育活动中，指导着教师的教育行为，也影响着师生的人生。

理论是行动的先导。教师具有怎样的理念，教师对教育秉持着怎样的信仰，直接决定着教师在教育活动中采取的做法。关爱学生、尊重学生、以学生为本的信条引导着教师在言行举止中事事处处从学生的立场出发，考虑学生将怎样看、怎样想，从而选择有益于学生成长的态度与行为；相反，无视学生、淡漠学生、以自我为中心的态度会导致教师面对学生的各种要求无甚反应、面对学生受到的伤害无动于衷，从而造成师生情感的疏离和师生关系的对立。教师的叙事研究首先就要研究教师的日常行为背后所内隐的思想、教师的生活故事当中所蕴含的理念，以便为教师的行为寻求到理论的支撑，为教师的生活建构起思想的框架。

（2）教师的教育活动。教师的教育活动是丰富多彩的。教师在教育中展现自己，在活动中塑造自己，在行为中成就自己，而这点点滴滴的细节和事件构筑起教师充实的职业生涯和美妙的事业人生。叙事研究正是立足于此进行的研究：通过教师在校园里的举止谈吐了解教师的个人修养，通过教师在课堂中的处事行为了解教师的个性特征，通过教师对教学内容的诠释了解教师的知识基础，通过教师对教学方法的运用了解教师的教育机制，通过教师的语速快慢了解教师的气质类型，通过教师的教学惯例了解教师的教学风格，甚至通过教师的衣着装束了解教师的兴趣爱好，通过教师的交往方式了解教师的个人习惯……可以说，教师的教育活动范围有多宽，教师的叙事研究领域就有多广；教师的职业触角有多深，教师的叙事研究延伸就有多长。

（3）教师的教育对象。教师的教育对象是学生，教师的叙事研究当然离不开对这些特殊的教育对象——学生的研究。教师的叙事研究要研究学生的认知特点、情意特点、人格特质，研究学生的年龄特征、个性差异、身心规律，研究学生所感兴趣、所思考、所进行的活动。当研究将学生生活的真实世界展现于人们面前时，人们就获取了与学生对话、沟通、交流的可能，从而有可能理解学生所追求、欣赏、厌恶的事物。这样的教育世界才是真正属于师生的共同世界。

4. 教育叙事的注意事项

教育叙事的形式主要包含三种类型。一是教学叙事型，主要是就自己的课堂教学记叙有意义、有价值的事件，包括发生的课堂花絮、教学小插曲、教学失误、教学遗憾以及自己的教学经历等，都可以记述下来进行总结、提升和反思。二是育人叙事型，主要是就自己管理班级、教育学生方面值得思考的日常教育事件，如教育学生方面的小经验、小挫折，管理班级方面的成功和心得，与学生相处的苦乐酸甜等，记下来并思考其教育价值，理解、体悟其中蕴含的教育意义，以此来提高自己的育人艺术和理论修养。三是自我成长叙事型，主要是描述自己教育教学过程中的成长经历，通过自传式的自我对话不断反思自己，促进自己专业成长。

值得注意的是，教师以教育叙事进行实践反思时，并不是所有的教育教学生活和事件都可以拿来叙事。有价值、有意义的教育叙事应该体现出这样的特点：一是指向问题，即所叙之事应该基于问题、突出矛盾、描述冲突、展示思考；二是指向反思，包括对事件的反思、过程的反思、自己应对的反思，通过这样的反思来总结经验、找出不足、提升自己的教学和育人理念；三是指向真实情境，即教育叙事应该是对教育现场的再现，是对在具体教育情境下发生的教育教学生活和事件的再现，体现出即时性、真实性和丰富性等特点。

第二节　课程共同体：共识导向深入

一、课程共同体的视角

共同体是德国社会学家滕尼斯（Tonnies）提出的一个社会学概念。他认为，在共同体中，社会关系的基础是某种自然意愿，且这种自然意愿包括情感、传统和人们的共同联系，其特点是人们之间有着强烈的认同感，对社区内其他成员有着全面的概念。[①] 在共同体中，内部成员有着共同的目标和愿景，并以组织的形式相互协作、参与和对话，在不断互动中解决问题、提升自我。学校教育单靠个体的努力显然力不从心，于是，共同体概念进入学校教育实践中，通过建构共同体组织来推动学校教育的改革和发展。

新课改赋予了教师一定的课程决策权、课程开发权和课程评价权，使教师的课程权力得到了明显的增强，这意味着教师在课程开发、课程实施、课程创生以及课程反思等方面有着更多的挑战。教师如何担负起这样的课程角

① 滕尼斯．共同体与社会[M]．林荣远，译．北京：商务印书馆，1999: 41.

色？课程共同体的构建，将能够为教师的专业发展提供比单个教师的努力更为实际和有效的帮助。所谓课程共同体，就是以课程理解为联结的纽带，将学校教师联合起来形成团队组织，通过团队的相互协作、课程实践和反思对话来提升教师专业发展水平，解决课程实施中的实际问题。课程共同体将使教师的教育教学实践处在一个共同的情境中，使他们从各自不同的角度、不同的层次参与课程改革的现场并共同解决遇到的问题，这种教师组织形式改革了传统教师依靠单个努力来提升专业发展的模式，构建了一种以协作对话为主要形式的专业发展共同体。

课程共同体对教师的校本发展提供了新的视角：一是教师的发展将不只是个体的努力，也是整个教师队伍的质量提升，且只有在共同的愿景下，通过团队的合力来提升每一个成员的专业素养，才能为教师持续获得专业发展提供更有活力的环境；二是教师通过协作对话参与课程改革，通过建构合作文化为教师提供共同成长、分享提高的教学环境，让教师有更多的认同感和归宿感；三是教师共同解决课程改革中的实际问题，在实践中反思，在反思中提高，集合群体的智慧分析问题和解决问题，使教师的实践更有针对性和实效性。

二、课程共同体对乡村教师校本发展的价值

课程共同体是基于学校文化、学校资源、学校问题的一种发展组织形式。对乡村教师而言，其享受的外部优质资源有限，而这种基于学校本身的组织形式将有助于解决乡村教师外部支持的局限，通过现有资源的共享、互助来提高自己的专业发展。

课程共同体为乡村教师校本发展提供了情感互助和支持。课程共同体强调以教师日常的教学现场为专业发展情境，以教学实践中的现实问题为学习内容，通过对情境性、个体性、实践性知识的体验，从而提升教师的专业素养。在课程共同体中，教师与教师之间不是疏离、冷漠的状态，而是通过共同的教学实践来相互交流和支持，通过观察、反思来获得更为直接的教学经验和实践性知识，逐渐发展成为成熟的、优秀的教育教学专家。特别是对乡村青年教师而言，共同体内部这些真实的实践活动，为其提供了经验交流、分享对话的渠道，加深了其对教学问题的思考和认识，发展了其专业发展中

的实践智慧，使年轻教师、经验不足教师可以迅速融入整个共同体的整体发展中，完成从新手教师向专家型教师的身份转变。

课程共同体将促进乡村教师校本发展的实践反思。乡村教师在课程共同体中是一个持续的学习者，他们在教学实践中通过实践—反思—再实践的螺旋式学习模式，不断反思自己的教育教学行为，并在反思中改进和提高，使自己的教育教学更有质量和效果。课程共同体内部成员会就面对的具体问题进行分析和商量，共同提出解决问题的思路和方法。这既是一个协商的过程，也是一个反思的过程。教师通过集体智慧的碰撞，更为有效、有针对性地解决现实问题。

课程共同体是一个基于学校文化的乡村教师校本发展路径。教师的专业发展和他生活的情境息息相关，而离开特定的文化情境来谈教师发展，会忽视教师发展的文化土壤的专业根基。每一所学校都有其特定的文化传统。乡村教师的校本发展只有基于自己学校的文化生态，才能找到专业发展和学校发展的结合点，并通过自己的发展促进学校的发展。课程共同体成员来自同一学校或社区，有着共同的文化背景和生活情境，其文化认同感会更为接近，所以共同体成员可以获得更多的情感支持，能够从乡村学校的实际寻求适合自己专业发展的特色路径。

三、课程共同体视域下的乡村教师校本发展策略

课程共同体对乡村教师校本发展有着重要的价值。在乡村教师专业发展模式上，应该突破原有的集中式培训，开展基于课程共同体的校本发展模式，即从乡村教师的自身专业生活和课堂实践出发，为乡村教师的学习和发展提供理想的支持性环境，使乡村教师能够从自己所处的文化背景和生活环境构建发展共同体，开展基于校本路径的专业发展。

（一）课程实践：在行动中发展

课程共同体的特点之一就在于团队成员间的共同实践和相互交流，并在教育教学行动中促使每一个成员都得到发展。乡村学校可以基于课程共同体平台，开展集体备课、同伴观摩以及对话研讨等方式，在课程实践行动中促进乡村教师的专业发展。

1. 集体备课

集体备课是乡村教师校本研修中非常有效的一种方式，是乡村教师开展交互式学习和教学研讨的备课形式。集体备课可以聚合同学科的教师对课程内容及教学策略进行交流研讨，多角度、多层次对教学实践方案进行反思和修正，共同解决教学方案设计过程中遇到的问题和困难。集体备课可以充分发挥课程共同体内部每一个成员的智慧，促进教师之间的优势互补，在实践行动中提高乡村教师的教育教学理论水平和实践性智慧。

2. 同伴观摩

同伴之间开展课堂观摩是促进教师专业发展的重要手段，能够有效提高校本研修活动的质量。拥有良好同伴关系的教师，其专业发展和教学行为的改变也更为直接和有效。共同体成员之间不是对手和竞争者，其共同构成了一个相互促进、相互支持的团队。乡村教师可以通过良好的伙伴协作，相互观摩课堂，帮助同伴发现课堂教学行为中的问题，共同寻求改进课堂的方法和策略。

3. 开展对话

每一位教师对课程和教学都有自己的理解和思考。教师之间就具体的教学问题开展对话和交流，可以有效激活乡村教师专业自主发展的自觉，可以帮助教师澄清教育教学中的困惑和模糊，使其实践性知识不断更新、不断丰富，从而促使其不断发展。这种对话和交流可以针对某一堂具体的课，也可以针对某个带有共性的教学问题，还可以针对具体的教学方案，通过共同体成员间的相互碰撞和分享，不断修正和完善课程方案，解决共同面临的教学问题。

（二）课程开发：在合作中发展

校本课程是基于学校文化并由学校教师自主开发的课程，学校教师是校本课程的直接参与者和实践者，教师的课程观念和课程能力直接影响着校本课程开发的质量，因而，校本课程开发为乡村专业发展提供了一个新的平台。校本课程开发为乡村教师校本发展提供了重要渠道，它可以深化教师对课程的理解和认识，促使教师转变被动适应课程的角色，主动运用教育教学知识和校本资源去开发和利用校本课程，提升教师课程开发的能力。校本课程开发可以有效促使教师在课程角色上实现转型，成为课程的创生者，同时也有效培养了教师的合作能力，使教师在合作的文化中开展课程实践。

教师课程角色的转变。新课改中，学校课程实行三级管理机制。其中，校本课程开发权利下移至学校，因而教师的角色将由课程执行者转变为课程创生者，这对乡村教师的课程能力提出了更高的要求。乡村教师不再是被动的课程实施者，而是课程的开发者、创生者，需要主动收集、整理本土的文化资源，结合学校文化和学生发展需求，创造性地挖掘、组织和创生课程内容，开发出具有本土特色的校本课程。

通过课程共同体平台开发校本课程。校本课程开发是一个系统的工程，仅靠单个教师的努力是远远不够的，它还需要依靠教师团队的共同合作。课程共同体为乡村学校教师开发课程搭建了一个平台。课程共同体成员的集体参与不仅可以形成资源互补，而且可以聚合众多智慧和经验，并通过集体的交流和研讨，可以高效地解决课程开发中遇到的障碍和难题，实现经验互享、资源互用、智慧互通，既提高了乡村教师个体的课程理解和课程创造能力，又促进了教师之间的合作意识，能够从整体上提升每一个教师的专业发展水平。

（三）课程研究：在反思中发展

乡村教师开展课程研究有比较大的困难，所以其实践经验难以上升为理论总结，实践问题也难以自己探究解决，阻碍了乡村教师专业发展。那么，乡村教师如何开展课程研究？为此，课程共同体为乡村教师开展课程研究搭建了一个平台。依托课程共同体，乡村教师可以有效弥补力量单薄、理论不足、精力有限等不足。共同体通过组建项目团队、策划方案、科学分工，吸纳全体教师一起就教育教学实际中的问题开展共同研究，合力解决面临的实际问题和共性问题。

研究什么？乡村教师开展课程研究，应该是基于解决自身课程实践问题而研究。乡村教师在课程实施中会遇到很多实际的问题，解决这些现实问题应该是乡村教师最迫切的研究动力。乡村教师研究和解决课程实践中最普遍的实际问题的过程，既可以有效提升教师的课程研究能力，又可以促使教师自觉改善自己的课程实践和教学行为，从而促进教师实现内涵发展。

怎么研究？基础教育学校的课程研究靠一线教师自己去做困难较大，如果没有团队的合力攻关，课程研究的效果和质量是难以保障的。因而，乡村教师可以借助课程共同体，组建一支集合多学科、年龄层次丰富、梯队合理的项目团队，确定研究主题，合理分工，共同研讨和交流，探讨可行的解决方案和思路，并在行动中不断验证和调整，寻求解决问题的路径。

如何反思？乡村教师开展基于校本的课程研究，目的是促进其专业发展，因而课程研究有无效果和质量，对其进行评估和总结就显得很重要。这种评价和总结就是一个反思的过程。反思可以让乡村教师检视整个研究过程是否合理，是否完成了预期目标，是否解决了问题，有哪些环节和过程需要调整和修正，等等。通过反思形成“实践—反思—再实践”的螺旋式推进过程，促进乡村教师在行动中实践，在实践中反思，在反思中提升，形成良性的乡村教师专业发展通道。

第三节　校本发展：实践促进建构

教师的校本发展是指以学校的具体场域来促进教师的内在转变，使教师通过日常的教育教学生活来获得自我觉醒、自我提升和有效的持续发展。近年来，国家通过一系列师政策着力提升乡村教师专业发展水平，如 2010 年开始全面实施的“国培计划”。这种系统、集中的培训对提高乡村教师专业发展起到了很大的促进作用，但教师的专业发展离不开其日常的教育教学实践生活，所以如何从教师的校本发展来有效提升乡村教师的专业化水平，使其能持续、长久地实现内在变化，成为乡村教师专业发展的一个重要议题。

一、校本教研：从外部支持转向内在发展

校本教研是指将教学研究的重心下移到学校，以教学过程中教师所面对的各种具体问题为研究对象，以教师为研究主体，以改进教学为目标，以行动研究为主要方式，以专业发展引领为催化剂的现代教学研究活动。①

① 刘婕．高中新课程与教师专业发展 [M]．天津：天津教育出版社，2005：149.

（一）观察学校找问题

郑金洲认为，校本有三个方面的含义：一是为了学校，二是在学校中，三是基于学校。[①]任何一所学校都是具体的、独特的、不可替代的，所以基于学校的校本教研应立足于乡村学校的日常教育教学工作实况。活跃在具体的学校教育场景的学校中的乡村教师占据得天独厚的教研先机，要懂得留心观察，善于从大量的第一手资料中挖掘学校发展和教育教学中存在的新问题，找准研究的切入点，尤其要研究学生的学，因为所有的教学和课程改革归根结底都是为学生服务的。因此，乡村教师需要研究所教年段学生的身心发展规律、个性差异、学习风格。此外，乡村教师应树立良好的问题意识，以科学的态度、研究者的眼光审视和分析乡村学校教育教学实践中遇到的真实问题，要保证研究的问题源于学校、源于课堂、源于实践。例如，乡村教师在核心素养理念下如何革新教学方式？为适应核心素养带来的新挑战，乡村教师应该具备怎样的教学素养？

然而，有的学校在开展教学研究活动时存在某种程度的偏离校本情况，研究的很多问题也往往不是教师教学中所面临的真实问题，致使研究空洞、缺乏现实意义。黄平县民族中学李小平提出的“主题式校本教研”或可有效解决该困境。该校本教研方式强调学校领导、教师聚焦学校真实情景中的教学问题，通过主题提炼和主题定位寻找校本教研出发点。

（二）走进课堂做研究

一方面，课堂是教学的发生场所，是校本教研的阵地之一。乡村教师只有植根于课堂这个阵地，将教研建立在具体的教学实践中，使教学研究、教学实践融为一体，才能在教学和研究两个方面都获得丰硕的成果。另一方面，实践是检验真理的唯一标准。乡村教师开展校本教研的效果需要通过课堂教学活动来检验其实效性。然而，部分乡村教师的校本教研恰恰相反，其教研表现被动，对待任务推卸，常常是光说不练，脱离课堂；对他人课堂指手画脚，对自我教学却没有反思，拿不出一趟像样的公开课；教学设计百年如一日，评课语言套路严重，寥寥数语也缺乏理论支撑，又不切实际。可见，乡

① 郑金洲．走向“校本”[J]．教育理论与实践，2000(6)：11-14.

村教师的校本教研不能停留于自我封闭的理论思考中，应走进课堂，在教中研，在研中教，将思考付诸实践，将共同教研的成果呈现于课堂中，通过教学活动使自己的教学理念和课本知识为学生所接受，使教研成果接受实际教学的检验，并获得反馈，以此改进学校教学。

（三）走出课堂会反思

首先，反思是教学过程的必要环节，是提高校本教研效益的重要途径，是教师积累教研经验、实现自我超越的有效方法。在校本教研理论层面的研究经过课堂实践的检验之后，乡村教师要依据教研行动方案对教学成效进行理性的反思，分析成功或失误的原因，提出改进方案，进行二次实践，使研究更加成熟。实践效果是否符合预期教研目标？教学内容是否提升了学生的核心素养？教师只有通过反思教学实践才能寻找到合理答案。反思应从多角度、多方面进行。教师不仅在课前、课中、课后要反思，还要对课堂实践中的成功点、失败点、疏漏点、改进点、生成点进行反思。

其次，乡村教师通过反思可以积累教育教学的经验教训，可以对教学现象与问题进行独立思考并形成创造性见解，为校本教研提供丰富的素材。事实证明，即使是默默无闻的一名教师，在多年的教育工作中，也必然会积累很多教学经验，这些将是重要的科研资源。因此，教师要养成“吾日三省吾教”的习惯，可利用反思性日记将自己对日常工作的所思所想记录下来，如与学生谈话的思考、一次公开课的触想等。

二、教学文化：从技术取向走向行动自觉

针对乡村教师教学能力存在的问题，结合乡村教育发展的实情，乡村教师教学能力提升的有效路径应结合其知识管理、技术创新等方面来促进其从技术取向走向教学行动自觉。

（一）知识管理：实践性知识的转化

“知识管理”原本用在管理学领域，应用于教育学领域后，主要是指就课堂教学知识所运用的一种管理策略，即在课堂教学中对显性知识和隐性知识进行开发、传递和利用，通过对知识的取得、整合、转换、分享、应用与创新等

一系列活动，让知识在不断产生、累积和升华中推动课堂教学知识的创造和传播。[①]知识管理是一种重要的教学能力，直接影响到教师教学知识的累积、更新、选择和生成。

教学实践性知识的习得，很多时候并非靠专门的专业性训练和学习，而是教师在教学实践中通过潜移默化的积淀转化而成。这是一种隐性知识，是教师在教学实践中生成的教学智慧和经验，也是教师教学能力构成中的重要内容。乡村教师如何去丰富和扩展自己的隐性知识呢？教学观摩、实践和体验是最有效的方式。这是因为隐性知识不靠正规化的语言来传递，而更多是随个体的观察、模仿和亲身实践而习得。基于此，乡村教师应主动深入课堂进行观摩，观察同伴教学时的细节处理、调控艺术、策略运用以及教育理念的呈现等，用心去体悟课堂，不断去生成和丰富自己的隐性知识并将其应用于自己的教学活动。

知识管理的关键还在于将隐性知识显性化，从而实现知识的转化和共享。学校教学质量的提高，需要整个教学共同体的力量。优秀教师的教学经验、教学智慧如何让其他教师也能受益？这就需要考虑将优秀教师的“示范性经验”转化为共同体内每个成员都可共享的知识。其他教师亦是如此。教师个体在知识、能力、经验、素养等方面各有差异，在教学领域上也各有擅长，但由于个体封闭及自我保护等原因，教师之间的知识和经验很难得到共享，这不利于教师教学能力的提升和发展。那么，如何实现这类实践性知识的转化和共享？乡村教师可以通过组建以学科为纽带的教学共同体，开展常态化的教学研讨与学习交流，就课堂教学活动共享心得、感悟和经验，同时，整理、分析、挖掘各位乡村教师的隐性知识，并使其显性化，继而建立指导乡村教师专业发展的教学知识资料库。把乡村教师凝聚起来形成学习型组织，可以促进教学实践性知识的转化和共享，为其教学能力的提升提供广阔的专业平台；构建教学知识资料库可以为乡村教师专业化发展提供示范性的资源平台。

（二）技术创新：构建教育信息化支持体系

现代教育技术进入教育领域，给基础教育教学改革带来了许多新的契机，

① 李才俊.略论新课程下课堂教学中的知识管理策略[J].教育探索，2006(5)：21-23.

也对教师的教育观念、教学方法和教学模式带来新的挑战，同时对教师的教学能力提出了更高的要求。现代教育技术和学科课程的整合，能够打破传统教学的时空限制，丰富课堂教学模式和内容，并有效提高课堂教学效果和质量。而教师通过利用信息技术实施多向教学、情境教学、在线教学等新型模式，也促进了教师教育信息素养的形成及教学能力的提升。现代教育正在呈现新的特征，数字化、媒体化、智能化、网络化越来越明显，这对乡村教师的专业发展带来了新的要求。乡村教师亟须更新教育观念，提升自己的教育信息素养，具备综合运用现代教育技术的能力，增强自己的专业技能水平，才能应对现代教育的快速发展。

要促进乡村教育的长远发展，有效的技术路径之一是加大对乡村教育信息技术的支持，特别是基于教育信息化来提升乡村教师的教学能力，以此促使乡村教师能够应对现代教育的快速发展。在理念层面，引导乡村教师确立现代教学理念，勇于接纳新技术、新方法、新模式来变革课堂生态，帮助乡村教师与国际国内教育新潮流、新趋势接轨，革新乡村教育陈旧、落后的教学文化生态。在技术层面，进一步完善乡村学校的教学硬件设施，实现城乡优质教学资源的开放共享，搭建城乡教师实时互动和交流的平台，为乡村教师专业发展提供技术支持。在实践层面，探索现代教育技术和学科课程的有效整合，利用教育技术创新教学模式、优化教学设计、拓展教学内容、改进教学策略，发挥教育技术应有的教学辅助和促进功能。

（三）终身学习：走向教学行动自觉

乡村教师教学素养的发展提升是一个不停地自我感知、自我探索、自我提升的过程。乡村教师的教学实践应走向行动自觉，在对课堂不断实践、反思及创新的过程中提升教学素养。首先，乡村教师要走出自己的舒适圈，改变墨守成规、安于现状、不思进取、人云亦云的固化思想和行为，养成主动反思、实践和创新的习惯。其次，乡村教师应制定自己的职业生涯规划、专业发展路径，以目标为导向，不断反思、改进自我的教学行为，锻造自己成为专家型教师、研究型教师。乡村教师可通过自觉学习、自觉读书、自觉探索、自觉创新等行动，不断积累知识和经验，创造出个性化的教学风格、教学模式，让自己的课堂教学常教常新。最后，乡村教师要培养自身的教学敏感度，提高自学意识与自学能力，学会抓住教育改革和发展的前沿信息，主动学习新技术、新方法，如利用信息技术制作微课、实施在线教学、开发课程资源，提升自己应对未来教育发展的适应能力。

第八章　乡村教师教学能力提升的机制建设

第一节　形成合力，完善课程改革的决策机制

课程决策指导对于教育改革的实施非常重要，它影响着教师如何正确理解课程内容及组织实施。目前，我国基础教育课程与教学改革仍需加强课程的决策指导，有必要加强教育资源整合，建立和完善课程实施的决策机制，形成教育协同效应。

一、高校专家：引领课程改革的理论研究

新课程实施以来，一线教师遇到许多困惑和问题。由于缺乏课程专家的专业指导，一线教师在实施过程中陷入了迷茫和困境。一线教师认为，课程实施中遇到了很多问题，亟须课程专家的专业指导，且课程专家的缺位，使得教师无法站在更高的高度来审视自己的实践。此外，自新课改实施以来，虽然众多的课程专家和教育学者撰写了大量论文和专著来解读新课程改革文本，提供了许多专业的解读和认识，提高了教师对新课程改革各个方面的认识，进一步丰富了新课程改革的理论内涵。但是众多课程专家及学者对新课程改革的解读带有较强烈的个人色彩，不能完全代表国家政策导向，也不能反映新课程改革实践层面的心声，甚至很多解读互相矛盾，让广大一线教师无所适从。课程改革是一项系统的工程，既有教育理论的深化，又有课程范式的转型。在这新旧转型的过程中，一线教师非常需要来自专业领域的话语。为此，高校也在寻求变化，如众多师范院校建立了基础教育课程研究中心，希望通过聚合专业力量来引领基础教育课程改革。这需要更多的高校和更多的专业研究人员参与其中。当前，基础教育课程改革发展迅速，课程理论研究面临着巨大的挑战和机遇。课程改革实践需要科学的课程理论来指导，而科学的课程理论离不开课程改革的实践，也离不开课程改革的实践的检验。因此，高校理论工作者应该真正关注基础教育课程改革，关注和理解生动的教育实践，承担起引领课程改革理论研究的责任。

二、教研机构：提高教研人员的专业引领

2001 年，《基础教育课程改革纲要（试行）》明确指出："各级中小学教研机构要把基础教育课程改革作为中心工作。"各级教研室及相应机构是中小学课程、教材与教学改革的领头羊和生力军，为中小学教师素质的提高和教育质量的提高做出了不可替代的贡献；在课程改革深入推进的新形势下，应当进一步重视它们的地位，进一步发挥它们的作用。

一是凸显教研室的教研功能。各级教育行政部门设立的教研机构，其基本的教研功能是研究、指导、服务和决策咨询。一方面，教研机构需要熟悉课程标准和教学方案，了解教材内容和教学方法，关注课堂教学；能够独立开展专题教学和研讨活动，制订区域内长短期科研、教学和研究工作计划并付诸实施。另一方面，教研机构需要深入教学一线，指导和帮助教师通过听课、评课等方式优化教学过程，改革课堂教学，推广和运用先进的教学方法，提高课堂教学效率。二是凸显教研人员的服务角色。教研人员与一线教师的关系，是一种平等和民主的协商角色。教研员是平等中的"首席"，要在与一线教师合作和协商的基础上，共同剖析课堂教学现场。当然，教研员担负着指导的职责，在互动和交流过程中应摆正自己服务教师的宗旨。三是提升教研人员的自身素质。教研员需要有较高的专业水平，才能对一线教师进行专业引领。因而教育部门应加强教研人员专业素质的提升，配齐、配好各学科的教研员。这可从以下两点入手：试行教研人员准入制度，通过考核的方式招聘具有专业理念、专业特长和教研能力的优秀教师；建立教研人员培训体系，对教研人员开展全员培训，以高起点、高标准的要求提高教研人员的专业引领能力，进一步完善教研人员评价体系，关注教研人员的实践贡献和引领能力，把实践成效和教师满意作为重要评价指标。

三、教育部门：强化组织实施的决策效果

教育部门起着桥梁的作用，需要把理论研究与改革实践相联系的运行机制理顺。课程与教学改革过程中，教育部门的作用不可低估，其职责相当重要。教育部门在课程与教学改革中的作用主要体现在以下几方面。

一是科学和民主的决策过程方面。其科学和民主体现在"行权"和"放

权”的结合，既要充分发挥统筹决策的执行力，又要相信和依靠教育教学一线的教师共同决策，充分吸纳一线教师的专业智慧，动员一切社会资源包括家长和社区一起支持并参与课程改革。教育部门应该充分尊重学校的自主权，鼓励学校充分发挥自己的主动性和创造性，在实施新课程的过程中发展自己的特色。二是合理配置教育资源方面。教育部门应合理调配区域内的教育资源，根据课程与教学改革的需求，加强学校硬件和软件的科学建设，进一步优化学校的课程与教学资源，让每一所学校都能具备课程与教学改革所需的基本条件。针对薄弱学校教学资源不足的问题，教育部门要促进区域内校际资源共享，改革教师资源配置标准，实现区域内教师合理的流动。同时，基于互联网＋教育的优势，建立可扩展、重应用的课程资源，优化区域课程改革的资源平台。三是建立质量监测与评估机制方面。教育督导有利于发挥教育评价的导向、识别和激励作用。教育监督制度是《中华人民共和国教育法》规定的基本教育制度，是现代教育管理制度的重要组成部分，是国家依法对教育事业进行监督管理的政府行为。基础教育课程与教学改革的有效推进，离不开教育质量监测与教育督导。教育督导既有监督，又有引导。督导机制必须以全面实施素质教育为中心，加快建立和完善监督评价体系，进一步完善基础教育评估机制，创新工作方法，提高督导质量，创设适应现代教育改革和发展的教育质量文化。

第二节　创新机制，落实课程改革的培训实效

从历史上各个时期重大课程改革成败的经验教训来看，前期的培训非常重要。课程改革培训对实现课程改革的预期目标、提高课程的实施效果、防止预期目标的偏离是必不可少的环节。课程改革培训的对象并不是单一的，培训对象包括专家、校长、教师和家长。

一、培训专家：提高课程培训实效

从运行层面看，教师是实施和推进课程改革的主力军。重视对教师开展课程改革培训，是课程改革取得实效的重要保证，亦是教师专业发展的重要

环节。课程改革培训可以使教师明确课程改革的预期目标，促使教师更新教育理念，把握课程改革的概念、国内外背景、理论基础、课程改革目标和任务等内容，增强教师参与课程与教学改革的主动性和积极性；课程改革培训可以培养教师具备一定课程研究与实施能力，明确课程与教学改革的意义，了解课程与教学改革的实施方案，把握课程与教材的新特点。

我国课程与教学改革大多是自上而下推动的，因此，课程改革培训就显得非常重要，这是防止课程改革预期目标出现偏离的关键措施。一般参与课程改革培训的专家有两种类型：一种是来自高校课程改革的理论专家；另一种是长期在教育实践前沿的教研人员。这两类专家各有特点，高校教育研究专家重在解释理论基础、改革背景和目标，而一线研究人员侧重于分享教学经验和解决教学实际问题。两类专家各有优势，在课程改革培训中既可发挥自身的优势和特点，又可相互合作、互为补充，如此，课程与教学改革目标才不会偏离轨道。

一线教师非常需要关于课程改革的前沿信息，希望获得关于如何实施课程改革的可操作技能，以及在教学实践中如何去解决实际问题。这里，一线教研人员可以为教师提供有关教学实践经验和智慧，而高校专家可以给教师带来更多的理论启示和创新思维，当然，随着课程与教学改革的深入推进，改革实践会遇到很多新问题、新困难，这需要培训专家要有更加务实的策略。

二、学校校长：加强课程领导能力

新课改的价值取向、基本理念和预期目标要在中小学实施并取得实效。其中，校长的课程领导能力至关重要。较之新课改之前的课程与教学改革，我们可能更关注校长的学校工作管理能力，而新课改革显然对此有了新的要求，这就是校长的课程领导能力非常关键，因为校长的课程领导能力可促进课程实施效果向预期目标方向发展。

强调校长的课程领导能力，并不是强化校长对教师的控制能力，而是关注课程共同体的长期发展。课程领导是课程改革的核心力量，需要校长、教师、专家、社区、家长和学生形成合力。课程领导下的改革共同体包括了所有参与课程领导的人，他们是一个合作共同体，因为他们有共同的目标、责任和价值观。同时，课程领导者注重以人为本，注重团队之间的合作。

鉴于校长在课程改革和实施中的关键地位和作用，加强校长的课程领导能力非常重要，因此，提高校长的素质非常关键，校长应是课程改革培训的主要对象之一。加强对学校领导尤其是校长的培训，提高校长的改革理念和能力，对于提高整个学校的课程实施能力，促进课程改革具有重要意义。“当他们意识到并赞同某一变革时，革新就会趋向于兴旺，当行政人员对变革一无所知，持冷漠或敌对的态度时，革新就会被排斥在学校之外。新课程的实施直接与顶头上司的行政人员的支持有关，单靠教师不可能进行革新和实施。校长支持下，在部门主任和年级负责人的指导下，由部门和年级教师进行的革新和实施往往是卓有成效的。”[①]就此而言，课程改革不只是教师的任务，也是校长的职责。在课程与教学改革中，校长也要得到专业发展，如此，教育教学改革才能有效推进。

三、一线教师：激活专业发展意愿

教师是课程改革的核心，是课程组织与实施的实践者。教师对改革的认识和理解以及自身的素质和态度是课程改革成功的关键甚至是决定性的因素。课程改革的成功与否，必然有教师的因素在起作用。课程计划的有效实施，需要教师去实践和推动，离开了教师，再完美的课程计划也难以达到预期的效果。历史上的课程改革运动，能不能有效实施和推进，非常关键的就是教师有没正确认识和把握改革的理念和思想。

教师培训的重要性由此可知，但问题的关键是，在课程改革中，不是没有培训，而是培训的效果往往不理想。因此，如何提高培训的有效性和针对性是课程改革培训中必须重视和研究的问题。相关调查显示，教师需要什么样的培训呢？一是校本行动和训练，即基于学校本身的环境和条件，开展校本式的实践和训练。二是集体研讨和互动，即开展集体的教学研讨活动，通过同伴间的互动来相互促进，这既有教师的教学实践，又有同伴间的研究和指导。三是共享共建课程资源，这不仅可以避免课程资源的重复浪费，还有助于分享优质资源。虽然教师培训路径很多，不同的方式能够从不同的侧面

① 麦克尼尔．课程导论[M]．施良方，唐晓杰，罗明东，等译．沈阳：辽宁教育出版社，1990：143-144.

来提高教师的素质，但是，教师培训仍需改变传统的任务式的培训方式，必须立足于学校的实际情况，不断探索和创新培训方式，不断改革和充实培训内容。

教师素质影响着课程改革的效果。课程改革要求教师要有高素养，需要教师以“权威”的身份介入。面对课程改革，教师不能无动于衷，而应以积极的姿态介入其中。课程改革所强调的理念和方法，如果没有教师的领会，改革成效是值得怀疑的。只有教师在积极采取行动并探索和处理这些问题之后，课程改革才有意义。让教师适应改革的最佳途径是使其参与改革实践。改革可以让教师去反思自己的教学实践和工作状态，去思考熟悉的教学生活，思考司空见惯的现象并不是毫无疑问的，而教师在思考和探索的过程中被新的教育理念所震撼。只有激发出教师的行动意愿，教师才会有教学热情，才会有专业发展的意愿。因此，课程改革是教师获得专业发展的重要平台，是提高教师素质的基本途径。每一次改革对教师来说都是一次“洗礼”。课程改革作为一个需要教师走过的“通道”，对教师影响深远。对于教师而言，这一行走过程可以让其专业成长烙上改革的痕迹。

四、学生家长：提升主动参与意识

课程改革过程中，家长也是重要的培训对象，但这一群体往往被忽略。然而，正是这一似乎与课程改革关系不大的群体，往往成为影响课程改革成败、实现预期目标的关键因素。家长接受课程改革培训，可以进一步了解课程改革的信息，化解家长对课程实施的误解和疑虑，凝聚课程改革的各方力量，拓展课程改革的通道，这对课程改革是有积极影响的。

家长是课程改革重要的社会基础。学校课程改革缺失了家长因素，相当于失去了重要的“课程资源”。有效的课程实施应该关注家长的利益。如何合理有效地利用这一资源，激发家长参与课程改革的兴趣？要赢得家长对课程实施的理解和支持，并让家长愿意且积极参与课程改革是不容易的。从家长参与课程改革的现状来看，存在的主要问题是家长参与课程改革的意识薄弱、参与主动性不够、参与形式单一等。

实现家长参与课程改革的主要途径是营造良好的家长参与社会的氛围，为家长参与学校提供实质性的条件，通过积极引导，提高家长的参与意识。

为了促进学校管理的民主化和校本课程开发的多主体作用，学校应建立课程改革与实施的“家长讲习班”，建立学校与家长的长期合作机制。校长应该安排家长参与教学和学习的评价，与教师开展倾心交谈活动，提高家长和教师之间的联系，并支持家长参加各种形式的学校活动，如综合实践活动，可以邀请家长一起开展，让家长成为课程实施的一员。

因此，做好家长课程改革的培训工作刻不容缓。家长要改变陈旧、落后、错误的教育观念，注重学习能力的获得，对孩子进行科学教育。科学的家庭教育是中小学生健康成长的重要保障，家长培训可以有针对性地开展，如根据父母的文化水平不同，可采用不同的培训方式和策略。通过培训，学生家长可以了解一些课程与教学改革的基本动态，了解家庭教育的重要作用，了解父母在儿童良好性格形成中的影响力，改变父母的培养观和教育观，形成学校教育和家庭教育有效融合。这不仅可以提高家庭教育的效率，还可以促进新课程的顺利实施。

第三节　聚焦关键，结合现实问题的区域推进

课程与教学改革需要关注到不同区域的现实情况，因为不同地区。不同学校的教育基础不一样，面对的教育现状也不一样，因而，课程与教学改革需要关注到不同区域的教育基础和水平，有必要从每个地区的现实出发，因地制宜，采用区域推进和分步实施的策略。这既是基础教育发展的历史经验，也是课程与教学改革的指导思想。区域推进的基本原则如下：一是适应性原则。根据课程改革的精神，总结各地多年来的教育教学经验，并根据各区域、各学校的实际情况，开展适应当地条件的改革措施，遵循基本的教育规律和教学需求。二是特色性原则。当规划课程改革的目标时，我们应该结合地方经济和教育发展，提出切合本土特色的基本目标、改革思路和具体措施，形成有区域特点的教学改革模式。三是重点性原则。课程改革需要明确改革重点，不同地区应有不同的改革措施，改革思路、改革目标也应各有侧重，而不是大大小小一把抓。四是针对性原则。课程改革既要关注课程实施的整体效果，又要加强指导和支持薄弱环节和关键领域，如乡村学校，就需要对其

加强财政支持和专业指导，具体指导方面可以针对学校的评价制度进行培训，推动教师关注考试制度改革。五是保障性原则。推进课程改革应充分考虑财政保障、政策保障和舆论支持，需要动员全社会的力量和资源，应建立完善的改革保障体系，以保障课程改革的顺利推进。

一、聚焦关键，抓好课堂教学改革质量

课程改革涉及诸多方面，如制订课程改革计划、推进课程组织与实施等，其最终目的是提高课堂教学质量。因此，提高课堂教学质量是根本，是核心。对于如广西农村等教育后发展地区，课程改革更应该坚持以提高课堂教学质量为中心。抓好课堂教学质量，要注意解决四个方面的问题：一是理念和行动的融合。在新课改背景下，教师的教学行为应该围绕一个核心理念展开，即课堂教学要促进学生的发展。解决教学中各种问题和矛盾，归根结底就是要回答“如何更好地促进学生发展”这一根本问题。二是传统经验与课程改革的辩证认识。课程改革并不是简单推翻过去的做法，它要改革的是旧观念、旧思想。新课改同样需要总结传统的经验和成效，只有这样，课堂教学改革才能从更高的起点上进行。三是预设与生成的关系。新课改强调教学目标的动态生成，教师应充分利用教学情境、资源和时机的动态生成。提高课堂教学效果。当然，教师课前准备也很重要。教师在课程实施前应充分考虑可能产生的结果，才有可能在教学过程中形成真正合理的生成目标和教学行为。四是形式与内容的关系。课堂教学强调发挥学生的积极主动性，让课堂活起来，让学生动起来，这就需要教师采取有效的教学方法和手段，但更重要的还是要看教学质量怎么样，因为只有形式无实质内容的教学是不成功的。

二、关注重点，加大乡村教育改革力度

我国的教育发展还不均衡，特别是西部基础教育与东部发达地区仍有很大距离。课程改革强调区域推进，就是要重点关注和加强西部地区基础教育，特别是西部乡村地区的基础教育，这是课程改革的重难点。当前，三农问题是我们国家重点关注的领域，解决三农问题的关键在于教育。因此，基于科教兴国和乡村振兴的战略视角，重视西部乡村基础教育课程改革是重中之重。

西部乡村学校的课程与教学改革，应体现综合性、均衡性和选择性等特点，结合传统与现代、教育与就业等关系，构建着眼未来的西部乡村基础教育新课程体系，以实现教育均衡发展的改革目标，为乡村经济发展和现代化转型提供可持续的人力资源。具体措施如下：一是坚持兼顾乡村经济建设和社会发展服务的办学方向，保障乡村孩子基本的学习机会；二是把提高乡村学校办学质量作为主要目标；三是建立学科教育与职业教育相结合的多维课程结构；四是开发和建设有地方特色、乡土特色的地方教材和校本教材；五是坚持课程改革与乡村生产生活相结合，加强乡村学校的劳动教育、实践教育。

三、区域推进，促进基础教育整体发展

基础教育整体发展是实施素质教育的核心和关键。西部乡村地区的基础教育仍有很多待加强的地方。如何抓住机遇缩小西部地区与东部、中部地区的教育差距，从而促进基础教育的全面发展是新课程改革需要解决和面对的现实问题。近年来，党中央、国务院实施西部大开发和乡村振兴战略，这为西部地区深入推进基础教育改革提供了政策契机，使西部乡村学校在硬件建设方面取得了突破性的成效，乡村学校的面貌也焕然一新。然而，与发达省份相比，西部地区基础教育的软件建设仍然薄弱，教育教学质量方面的差距仍在扩大。因此，西部地区教育部门应主动作为，积极深入推进新课改，安排专项资金支持课程改革，并使课程改革不只是学校行为，还是政府的行动。其次，进一步升级乡村学校的培训体系，通过校本教研等本土化行动，促进乡村教师教育理念不断更新，提升其教育改革行动意愿和教学水平，从而提高乡村教师的教学能力。最后，根据每个地区、每个学校的特点，有针对性地进行扶持和帮助，让每一所学校、每一位教师、每一位学生都不掉队，促进基础教育均衡性、整体性发展。

参考文献